ValueGo 金融科技实验室出品

BIG

大数据

与互联网公司估值 *II*

精选案例分析

DATA

and the Valuation of Internet Companies *II*

Selected Case Analysis

陈玉罡 陈奕诗 等 著

东北财经大学出版社
Dongbei University of Finance & Economics Press

大连

图书在版编目（CIP）数据

大数据与互联网公司估值：精选案例分析. II / 陈玉罡，陈奕诗等著. 一大连：
东北财经大学出版社，2020.1
ISBN 978-7-5654-3760-1

Ⅰ．大…　Ⅱ．①陈…②陈…　Ⅲ．数据处理-应用-互联网络-上市公司-估价-
案例-汇编-中国　Ⅳ．F279.244.4-39

中国版本图书馆CIP数据核字（2020）第009234号

东北财经大学出版社出版发行

　　大连市黑石礁尖山街217号　邮政编码　116025
　　网　　址：http：//www.dufep.cn
　　读者信箱：dufep @ dufe.edu.cn
大连永盛印业有限公司印刷

幅面尺寸：170mm×240mm　字数：158千字　印张：11.5
2020年1月第1版　　　　　2020年1月第1次印刷
责任编辑：石真珍　　　　　责任校对：伊　人
封面设计：冀贵收　　　　　版式设计：钟福建
定价：45.00元

前　言

　　不知道大家有没有注意到封面上"ValueGo 金融科技实验室"的名称。这个名称的由来是有故事的：2016 年底，我去给金融机构上课，讲的是财务报表分析与证券定价。讲完后，我把上课信息分享给了我的一些朋友。没想到，朋友们纷纷表示想来上这门课。可是，我不可能把朋友们都带到金融机构去听。于是，我和我的学生利用互联网众筹的方式发起了第一期价值投资领袖班，众筹到一定开班人数，就找个场地来分享这门课程的内容。没想到第一期的效果非常好，有些学员学过之后还想学第二期。于是，我们决定继续把这件事干下去。我们也制定了价值投资领袖班的宗旨："培养一群价值投资领袖，挖掘一批价值投资标的。"每次开班，我们都希望学员也参与到我们的分析研究中，但事后发现，研究分析完一家公司至少需要 50 个小时的时间，完成 2 500 家公司的分析需要 12.5 万小时，这对大部分学员来说是不可能完成的任务。到了 2017 年 5 月，受 AlphaGo 在围棋比赛中打败世界冠军柯洁这一事件的刺激，我们团队想到了利用机器来提升分析效率的方式，并研发出了 ValueGo 估值机器人。"Value"是"价值"的意思，"Go"取的是 AlphaGo 后面那个"Go"。ValueGo 的名字就是这样得来的。

这款机器人可以自动撰写价值投资分析报告，能分析一家公司是好公司还是烂公司，并能自动计算这家公司的估值，通过云计算和大数据可以将对 2 500 家上市公司的分析时间从 12.5 万小时缩短至 18 小时，可以将金融机构的研究成本降低至 1/1 250。之后我们用这一技术挖掘了格力电器、中国平安、万华化学、牧原股份、平安银行、海螺水泥等优质的价值投资标的，也避免了很多高估值的陷阱。我们发现，估值是价值投资中最核心的关键环节。如果不懂估值，价值投资将无从谈起。

在 ValueGo 估值机器人的基础上，我们设立了 ValueGo 金融科技实验室，专门为金融机构输出技术和研究服务。本书已经是 ValueGo 金融科技实验室出版的第二本书了。在第一本《大数据与互联网公司估值：精选案例分析》中，我们分析了腾讯、京东、陌陌、百度、IGG 这几家互联网公司。令人印象深刻的是，当我们 2017 年底估算出腾讯的基础价值为 260 港元/股（没有包括并购的价值）后，腾讯的股价从 2018 年 4 月 30 日的 389.09 港元/股跌到了 2018 年 10 月 30 日的 251.51 港元/股；当我们计算出百度的价值为 123 美元/股后，百度的股价从 2018 年 4 月 30 日的 250.9 美元/股跌至 2019 年 8 月 16 日的 96.7 美元/股；当我们计算出 IGG 公司的估值为 2.32 港元/股后，IGG 的股价从 2018 年 4 月 30 日的 11.29 港元/股跌至 2019 年 8 月 16 日的 5.6 港元/股。

在本书里，我们分析了阿里巴巴、拼多多、小米、微博、三六零、阅文集团、哔哩哔哩七家互联网公司及其估值。我们得到了三点新的认知：

（1）剩余收益模型适用于成熟的互联网公司估值。

（2）梅特卡夫定律是一种相对估值法，有其固然的缺陷。

（3）当剩余收益模型的估值与梅特卡夫定律的估值差异很大时，更可靠的是剩余收益模型估值。

希望本书对大家理解互联网公司及其估值起到一定的助益。当然，本书中的分析仅供参考，不作为投资建议。投资有风险，入市需谨慎！

本书由陈玉罡教授统筹策划、指导和修改，向茜参与撰写第 1 章，陈奕诗参与撰写第 2 章，熊晨希参与撰写第 3 章，凡振华参与撰写第 4

章，吴凌宇参与撰写第 5 章，陈俊杰参与撰写第 6 章，鲁济华参与撰写第 7 章。由于时间有限，书中难免存在错漏之处，欢迎各位读者批评指正！

陈玉罡

2019 年 10 月

目　录

第1章　互联网BAT生态圈布局扩展，方兴未艾

——阿里巴巴集团估值

1.1　从 B2B 到大阿里的发展历程

　　1999 年马云携"十八罗汉"在杭州创立了阿里巴巴集团（以下称"阿里"）。2014 年 9 月，阿里赴美上市，股票代码为"BABA"。阿里是中国规模最大的电子商务企业，目前拥有核心商业、云计算、媒体娱乐及创新四大业务。其中，淘宝、天猫、聚划算和全球速卖通等平台承担电商零售和批发业务，菜鸟网络及口碑网参与物流和本地服务行业，蚂蚁金服则以良好的互联网金融服务进行协作。经过 20 多年的行业布局，阿里经历了从"商对商"（Business to Business，B2B）、"客对客"（Consumer to Consumer，C2C）到大阿里战略共三个时期的转变。1999年，阿里着眼于国内批发贸易市场并推出"1688"网站，为小企业提供

网站设计和推广服务。2000 年该网站的用户就已经超越 100 万名并开始向海外扩张，迅速提高了知名度。不久，由于网络经济发展萎靡，出现了扩张业务的寒冬期。此后阿里陆续推出了"中国供应商"和"诚信通"服务，通过会费收入获利。2002 年其推出的"关键词"服务成为首个盈利的项目。

2003 年，阿里由 B2B 业务转向 C2C 市场。当年 5 月，阿里创立了淘宝网，进军电商市场，11 月更新网上实时通信软件——阿里旺旺。2004 年，阿里推出第三方支付平台——支付宝，这带来了网上交易和支付里程碑式的变化。2008 年，阿里启动"大淘宝"战略，旨在让用户依托平台完成支付、营销、物流快递以及其他技术问题。同年，阿里创办网上商城业务，进入"商对客"（Business to Consumer，B2C）市场。2009 年，阿里部署首款云计算服务产品，为日后占据云服务市场的有利地位打下坚实的基础。为了顺应由 PC 端转化到移动端的用户习惯，2010 年阿里又推出了手机淘宝，为电商移动化实现了关键转变。2013 年，基于"全国范围内任何地方实现 24 小时到达"的企业战略，阿里推出了菜鸟物流。

2014 年开始，阿里通过内生和外延相结合的手段持续在新零售行业布局，从核心的电商业务扩展到数字媒体、生活服务等线上线下生态圈模式。2014 年 2 月，阿里推出天猫国际平台，方便中国消费者购买外国产品。同年 6 月，阿里完成对移动浏览器 UC 优视的业务整合，收购文化中国传播集团有限公司 60% 的股权，并将其更名为阿里巴巴影业集团有限公司。同年 7 月，阿里联合银泰，主打 O2O 业务，并完成了对高德地图的投资。同年 10 月，阿里成立蚂蚁金融服务集团，利用支付宝、余额宝等业务模块为小微企业和个人消费者提供普惠金融服务。2014 年 9 月 6 日，阿里在美国纽约证券交易所挂牌上市，预估市值达 1 550 亿美元，成为按估值计算的最大规模首次公开发行（Initial Public Offering，IPO）交易。在纽约证券交易所的成功上市是阿里迈向国际化的重要基石，也为其战略发展提供了明确方向与目标。2015 年，阿里的业务向多样化发展，先后成立了阿里音乐集团、阿里体育集团、生活服务平台"口碑网"，推出了为中小企业打造的移动办公平台"钉钉"，并与优酷土豆达成合并协定。2016年3月，阿里以3万亿元交易总额（Gross Merchandise Volume，GMV）成为全球最大的零售体。除了在本土的零售市场获得成功之外，阿里也进行了海外扩张。2016年，阿里认购了东南亚领先的电商平台LAZADA的控制股权。2017年，阿里在马来西亚推出第一个海外e-Hub（数字贸易中枢）。除此之外，阿里也渗透进了"新零售"业务，成立了盒马鲜生，全资收购了外卖平台"饿了么"。

阿里基于全生态圈的发展战略，在2019财年（2018年4月1日—2019年3月31日）实现了57.27亿元交易总额。截至2019年3月底，阿里国内电商活跃买家数达到6.54亿人，移动端月活跃用户数达到7.21亿人，成为电商领域的龙头企业。2014年和2019年，阿里创始人马云分别以1 500亿元、2 700亿元的身家成为胡润百富排行榜"中国首富"，引领阿里公司奠定互联网时代的"BAT"（"B"指百度，"A"指阿里，"T"指腾讯）三巨头的格局。

1.2　生态圈业务版图

1.2.1　业务总览

阿里不仅是全球电商龙头，也是云计算、金融及娱乐的全生态缔造者，从事电商、云计算、数字娱乐等多项业务。如图1-1所示，除了拥有核心电商平台如淘宝网、天猫等之外，为了更好地打造生态系统，阿里以战略投资收购的方式迅速扩张。通过收购或投资优酷土豆、UC优视、阿里音乐、阿里体育、高德地图、饿了么等，完善了其数字媒体娱乐及本地服务业务，而蚂蚁金服、菜鸟网路、阿里妈妈及阿里云则提供了金融、物流、营销服务及云计算方面的技术支持。

如图1-2所示，阿里的营业收入一直保持平均40%以上的增长速度。2016年阿里的营业收入出现了迅速增长，到2018年3月底达到了近5年最高的增长速度，为73.49%。2018财年，阿里的营业收入达到559.66亿美元，同比增长40.62%，此后营业收入增速变缓。

图 1-1　阿里巴巴生态系统

资料来源　根据兴业证券《CDR 系列之（三）阿里巴巴深度报告：技术驱动的商业帝国》整理。

图 1-2　阿里巴巴营业收入规模和增速

资料来源　根据 Wind 数据整理。

　　如图 1-3 所示，阿里的营业收入中占主要成分的是核心商务，平均占 89.87%。2011—2015 年，其主要的业务是核心商务、云计算业务以及其他业务。从 2016 年开始，由于公司进行了长远的战略部署，数字媒体与娱乐业务、创新举措与其他业务的营业收入逐渐上升。

图 1-3　阿里巴巴主营业务构成

资料来源　根据 Wind 数据整理。

从图 1-4 可以看出，占比最大的核心商务业务的增长趋势较为平缓，营业收入平均以 47.94% 的速度增长；云计算和互联网基础设施业务一直保持较为理想的上升趋势，平均以 76.84% 的速度增长；创新举措和其他业务从 2017 年开始平均以 26.43% 的速度增长并呈现上升趋势；数字媒体与娱乐业务由于纳入较晚，目前增幅较小，在 2019 年 3 月 31 日的统计中以 14.93% 的增长率成为增长速度最慢的业务，但其后期的业务增长令人期待。

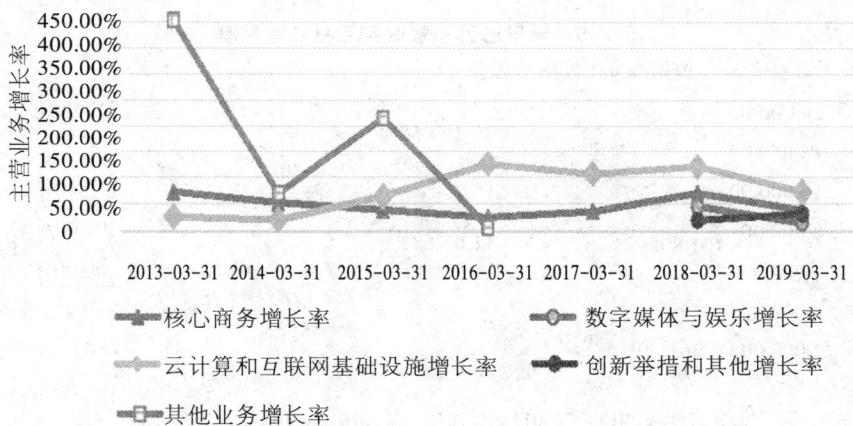

图 1-4　阿里巴巴主营业务构成增长率

资料来源　根据 Wind 数据整理。

如图 1-5 所示，根据阿里 2018 年年报，其毛利达到了 2 523.43 亿美元。阿里营业收入增长速度从 2013 年开始放缓，毛利率从 2013 年的 74.54% 下降到 2018 年的 45.09%。可以看出，阿里核心业务的营业收入正在下降，而新扶持的产业还处于投入的初期，因此毛利率会受到影响。

与其他互联网公司相比，目前阿里全面进入盈利的阶段，如图 1-6 所示，2018 财年阿里的净利润达到 130.52 亿美元的收入，2012—2018 年平均每年以 74.10% 的速度增长。2015 年阿里表现出了 1.95 倍的增长能力，从这年开始增长速度出现波动。

图 1-5 阿里巴巴主营业务毛利和毛利率

资料来源 根据 Wind 数据整理。

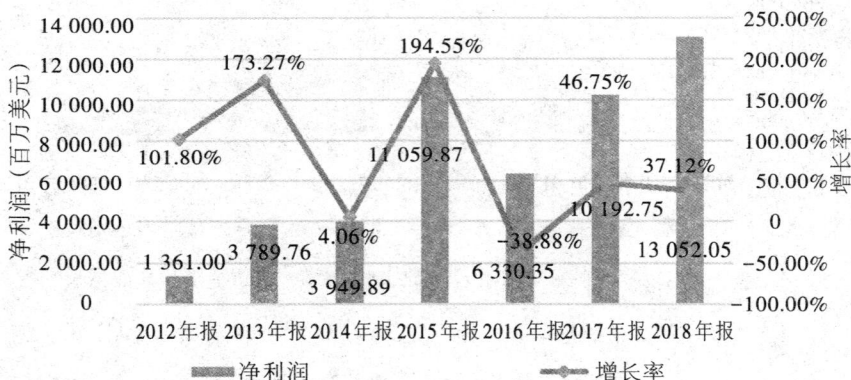

图 1-6 阿里巴巴历年净利润情况

资料来源 根据 Wind 数据整理。

从图 1-7 可以看出，阿里核心商务的税息折旧及摊销前利润（EBITDA）最高，盈利能力强劲，其他业务仍处于亏损状态。

图 1-7 阿里巴巴历年各部门 EBITDA

资料来源 根据阿里年报整理。

从图 1-8 可以看出，阿里巴巴移动客户端的月活跃用户数（Monthly Active Users，MAU）逐年上涨，2019 年第一季度月活跃用户达到 7.21 亿人。根据中国互联网络信息中心的统计，截至 2018 年 12 月，中国网民人数为 8.29 亿人，可以说"万能的淘宝"已经成为人们生活中经常使用的软件之一。从数据对比来看，每一年的第四季度通常是阿里一年之中活跃用户数较多的时期，天猫"双十一""双十二"的促销活动或许是其原因之一。从 2017 年开始阿里客户端的 MAU 出现下降的趋势，阿里的业务用户活跃数有面临天花板的可能，需要积极激发用户的活跃度。

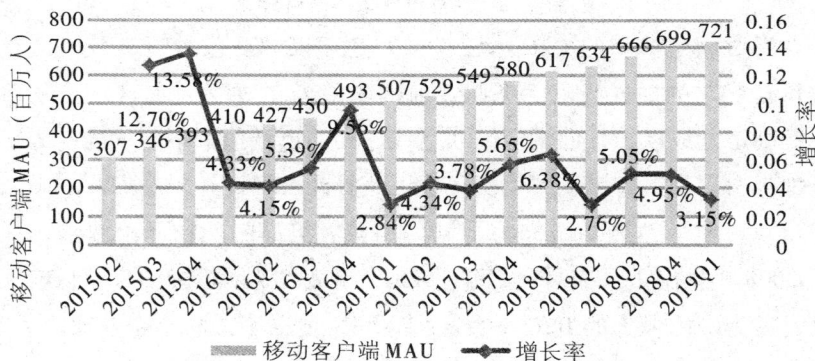

图 1-8　阿里巴巴移动客户端 MAU

资料来源　根据阿里年报整理。

1.2.2　核心电商——"淘宝+天猫"为核心飞轮

阿里电商业务主要面向国内和国际市场。如图 1-9 所示，国内零售平台为以淘宝、天猫为主的国内传统 B2C、C2C 零售平台，银泰商业，以及目前正在探索的"新零售"形式——盒马鲜生线下实体平台，承担电商物流的菜鸟网络也一并纳入国内电商业务中。国际零售平台主要由阿里全球速卖通（ALI EXPRESS）和 LAZADA（来赞达，东南亚地区最大的在线购物网站之一）组成。除此之外，阿里巴巴 1688 网站撮合国内或跨境批发业务的商户们进行批量商品的交易，为全球速卖通及 LAZADA 等平台提供服务。

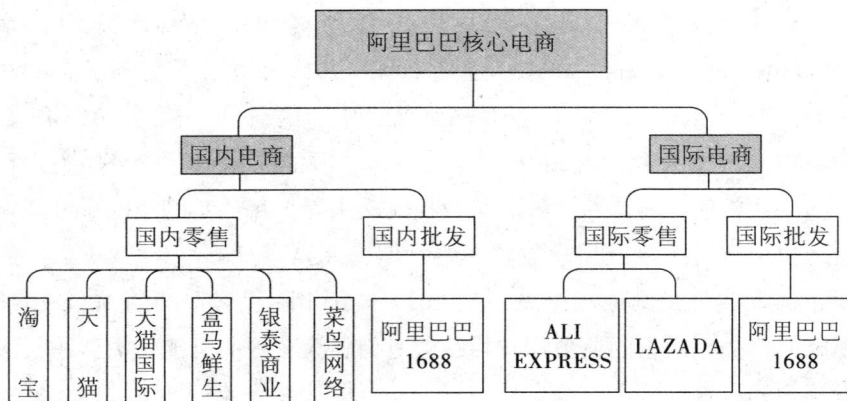

图 1-9　阿里巴巴核心电商分类

　　淘宝网是典型的 C2C 运营模式，主要以"获取流量—分发流量—流量转化"的模式经营。在此之前国内 C2C 的龙头是易趣网，其市场份额高达九成以上，而淘宝网在上线之初的市场份额不到一成。为了更好地吸引用户，淘宝以"免费"牌迅速打开市场，在短短的两年内成功使市场占有率达到 70%。为了满足消费者更高的购物体验要求，阿里于 2008 年推出了天猫平台，并于 2011 年从淘宝网拆分出来，目前天猫已发展为国内最大的 B2C 平台。淘宝网主要以个人和小企业商家为主，而天猫主要吸引大量国际和国内品牌及零售商入住。

　　表 1-1 所示的是阿里整个电商业务的收费模式。阿里核心商务的盈利主要以广告收入和交易佣金收入为主，广告费用又依照不同的板块样式和广告方式收取，除此之外还有会员费、服务费以及销售商品的收入。对于国内零售业务，阿里以广告营销收入，交易佣金，淘宝旺铺使用费用，以及线下直销、联营与租金作为主要收入来源。对于国内批发业务，阿里主要是将会员费、增值服务费以及广告费作为收入的主要来源。由于这部分客户数量有限，采用会员制的营销方式是一种保留黏性用户的比较合理的方式。国际业务收入主要以交易佣金、广告费用、商品销售收入以及会员费为主。

　　如图 1-10 所示，淘宝和天猫的 GMV 每年以 20% 的增速增长，截至 2019 年 3 月，阿里电商平台的 GMV 达到 5.727 万亿元，其中淘宝 GMV 达到 3.115 万亿元，天猫 GMV 达到 2.612 万亿元。截至 2019 年 3

表 1-1　　　　　　　　　　阿里巴巴电商平台收入来源

国内零售	广告营销收入	P4P广告费用	关键字广告位服务
		广告展示费	商家信息的广告展示服务
		淘宝客计划	按交易金额收取佣金
		聚划算广告位	促销板块的广告位费用
	交易佣金	对于天猫和聚划算的商家按交易额的0.4%~5%收取佣金	
	淘宝旺铺使用费用	每月收取固定费用，收取软件升级费及管理运作费	
	线下直销、联营与租金	银泰与盒马按自营和联营方式收取分成或者佣金	
国内批发	会员费和增值服务费	诚信通会员年费为6 688元	
	广告费用	P4P广告费用	
国际零售	交易佣金	佣金率为5%~8%	
	广告费用	营销广告费和P2P广告费	
	商品销售收入	主要来自LAZADA平台自营商品销售	
国际批发	会员费用和广告费用	Gold Supplier会员费、P4P广告费用	

资料来源　根据兴业证券《CDR系列之（三）阿里巴巴深度报告：技术驱动的商业帝国》整理。

月，阿里GMV的增长率为18.82%，同比下降约9%，这说明在高渗透性的电商行业，由于新用户的增长有限，已经逐渐失去人口红利。为此，阿里也积极利用大数据、云平台、营销策略等多样的方法不断开发创新服务，在开发新的用户的同时也不断设法提高用户黏度。

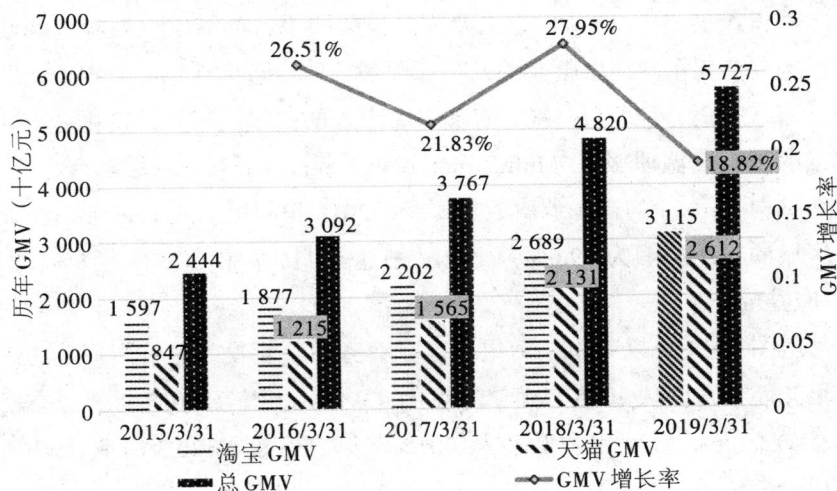

图 1-10　阿里巴巴历年 GMV 情况

资料来源　根据阿里年报整理。

阿里主要通过对商户收取佣金、广告费用等方式进行变现。其货币化率①从 2015 财年的 2.44% 增长至 2017 财年的 3.03%，见表 1-2。由于移动互联网的兴起，阿里移动客户端的收入逐年增长，2017 财年的收入占零售收入总和的 80%，同时货币化率也从 1.79% 上升至 3.04%。

表 1-2　　　　　　　　　　阿里中国零售货币化率

项　　目	2015年3月31日	2016年3月31日	2017年3月31日
中国国内零售收入（百万元人民币）	59 732	80 033	114 09
移动客户端收入（百万元人民币）	17 840	50 337	90 731
占国内零售收入总和比例	30%	63%	80%
货币化率	2.44%	2.59%	3.03%
移动客户端货币化率	1.79%	2.51%	3.04%

资料来源　根据阿里年报整理。

1.2.3　云计算——市场前景广阔

阿里云创立于 2009 年，主要为阿里集团平台的商家以及企业及政府机构等全球用户提供整套的云计算服务，内容包括计算、数据库、联网、网络安全、管理与监控、存储等各方面的技术。阿里云是排名全球前三的基础设施即服务（Infrastructure as a Service，IaaS）供应商之一。研究机构 Gartner 的市场调研数据显示，2018 年阿里云的 IaaS 业务在亚太区域的市场份额为 19.6%，比亚马逊（占 11%）和微软（占 8%）的总和还要高。

从图 1-11 可以看出，阿里云计算业务的营业收入随着用户数的逐年上升而上升，从 2015 年第二季度的 4.9 亿元上升至 2017 年第二季度的 24.3 亿元。付费用户数也从 2015 年第二季度的 26.3 万人上升至 2017 年第二季度的 101.1 万人。

---

①　货币化率=电商零售收入÷GMV

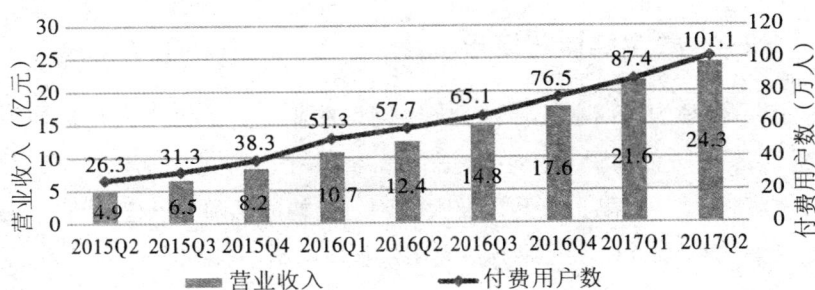

图 1-11 阿里巴巴云计算服务季度营业收入及付费用户数

资料来源 根据阿里年报整理。

　　如图 1-12 所示，阿里云计算业务从上线至今仍然没有得到正收益，但其调整后的 EBITDA 从 2015 年第二季度的 -3.68 亿元增长到了 2017 年第二季度的 -1.03 亿元。其原因是阿里的每用户平均收入（Average Revenue Per User，ARPU）逐年上升，从 2015 年第二季度的 1 844 元上升至 2017 年第二季度的 2 405 元。

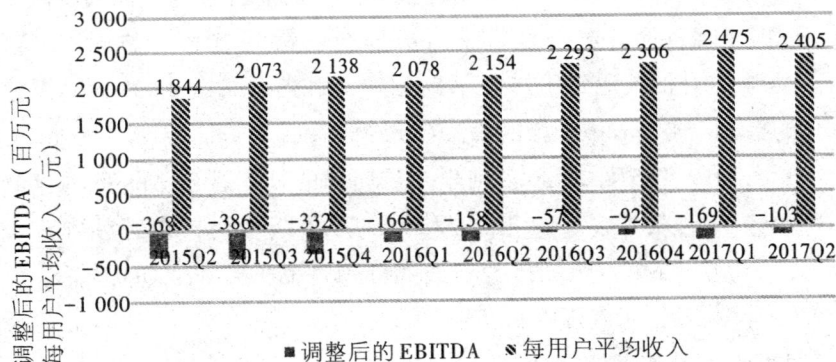

图 1-12 阿里巴巴云计算服务季度调整后 EBITDA 和 ARPU

资料来源 根据阿里年报整理。

　　截至 2018 财年，阿里的云计算服务辐射了全球 18 个地理区域及 45 个可用区。阿里也在逐年加大技术研发力度，2018 财年第三季度阿里云发布了 316 个新产品和功能，并将进一步推动阿里在人工智能、数据管理及安全领域的研究。

1.2.4　数字媒体与娱乐

除了传统的电商和云计算业务，阿里在业务扩张的过程中吸纳了许多优质的公司，阿里音乐、阿里体育、UC 优视、阿里游戏、阿里文学、合一集团（优酷土豆）以及大麦网一起构成了阿里巴巴的大文娱板块，合一集团和 UC 优视业务是大文娱板块的核心部分。

2015 年 8 月，优酷土豆集团更名为"合一集团"。2016 年 4 月，合一集团与阿里完成合并交易，正式成为阿里旗下全资子公司。根据易观咨询公司的视频 App 排名[1]，截至 2019 年 5 月 31 日，优酷土豆排名第三，月指数为 4.33 亿活跃用户数量，每次有近 9 219.8 万活跃用户，属于视频 App 中的佼佼者。

UC 优视是移动互联网开放服务平台提供商，于 2014 年 6 月并入阿里巴巴集团，成为阿里旗下全资子公司。其核心产品为 UC 浏览器。UC 浏览器是安卓客户端排名靠前的浏览器，目前有超过 1 亿的活跃用户。根据易观咨询公司的浏览器 App 排名[2]，截至 2019 年 5 月 31 日，UC 浏览器的月指数达到 1.75 亿活跃用户，日指数高达 8 027 万活跃用户，位居浏览器 App 排行榜的第二名。

截至 2019 年 5 月 31 日，阿里音乐旗下的虾米音乐 App 的月指数为 1 059.9 万活跃用户，日指数为 291.3 万活跃用户，在音频娱乐类 App 排行榜[3]中占第六位。排在前面的分别是酷狗音乐、QQ 音乐、酷我音乐、网易云音乐以及咪咕音乐。

阿里文学的移动阅读 App——书旗小说——的月指数为 1 858.4 万活跃用户，日指数为 311.9 万活跃用户。位居同类 App 排行榜[4]中的第五名，排在前面的分别是掌阅、QQ 阅读、咪咕阅读以及宜搜小说。

从图 1-13 可以看出，近几年阿里的数字媒体与娱乐业务营业收

① 佚名. 视频 App 排行榜 [EB/OL]. [2019-10-25]. http://zhishu.analysys.cn/public/view/wTopApp/wTopApp.html? cateId=108.
② 佚名. 浏览器 App 排行榜 [EB/OL]. [2019-10-25]. http://zhishu.analysys.cn/public/view/wTopApp/wTopApp.html? cateId=113.
③ 佚名. 移动音乐器 App 排行榜 [EB/OL]. [2019-10-25]. http://zhishu.analysys.cn/public/view/wTopApp/wTopApp.html? cateId=138&tradeId=1071073.
④ 佚名. 移动阅读 App 排行榜 [EB/OL]. [2019-10-25]. http://zhishu.analysys.cn/public/view/wTopApp/wTopApp.html? cateId=136.

入有所上升，这主要是因为 UC 优视提供的新闻源和引动搜索等增值服务的收入增加，以及优酷土豆的订阅收入增加。而其调整后的 EBITA（息税及摊销前利润）一直是负值，因此期待其在未来迅速增长，成为盈利的业务。

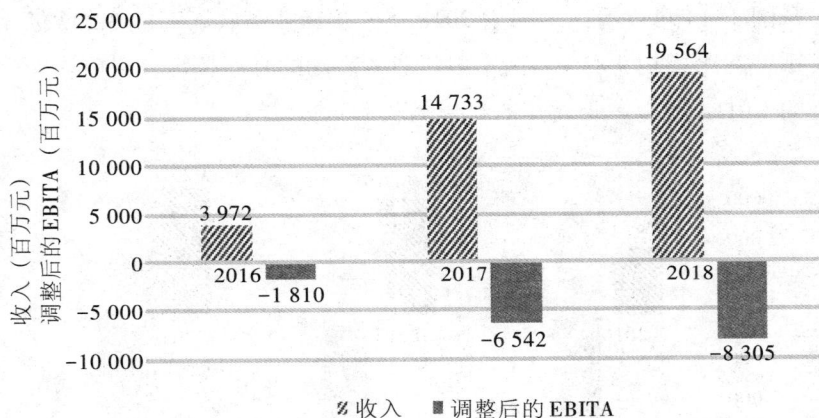

图 1-13　阿里巴巴数字媒体与娱乐年度营业收入及调整后的 EBITA

资料来源　根据阿里年报整理。

1.2.5　创新业务及其他

阿里的创新业务主要包括高德地图、钉钉及蚂蚁金服。高德地图是中国目前领先的地图服务供应商，2010 年于美国纳斯达克上市，2014 年 2 月阿里巴巴对高德地图进行了全资收购。根据易观 App 排行榜①的数据，截至 2019 年 5 月 31，高德地图 App 拥有 2.41 亿月活跃用户，日指数为 4 696.1 万活跃用户，稳居同类地图导航 App 排行榜的榜首。百度地图以 2.17 亿月活跃用户排名第二，腾讯地图以 0.22 亿月活跃用户排名第三。

钉钉是为企业免费提供沟通和协同系统的多端平台。其核心产品是通讯录、服务窗、智能电话及视频会议、公告、邮箱及审批等多个用于

---

①　佚名. 地图导航领域 App 排行榜［EB/OL］.［2019-10-25］. http://zhishu.analysys.cn/public/view/wTopApp/wTopApp.html？cateId=117.

沟通及行政管理的功能。从易观的数据①来看，截至 2019 年 5 月 31 日，钉钉以 2 922.9 万活跃用户的月指数、653.2 万活跃用户的日指数居企业及应用 App 排行榜的第一名，远远超过排在第二名的应用程序"安心记加班"软件，其月指数为 311.3 万活跃用户。

从图 1-14 可以看出，阿里 2018 年的创新业务收入高达 3.292 亿元人民币，同比增长 9.83%。由于创新业务启动的时间较短，目前尚未出现正的 EBITA 收益，但逐年有缓慢增长的趋势。

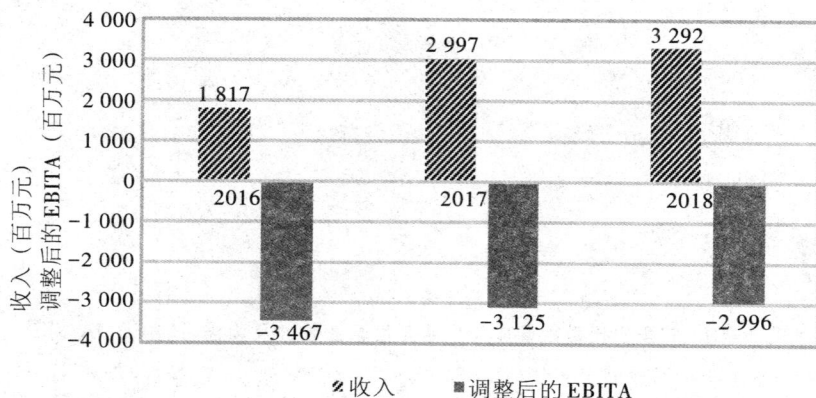

图 1-14　阿里巴巴年度营业收入及调整后的 EBITA

资料来源　根据阿里年报整理。

1.3　剩余收益估值法 vs 互联网估值方法——谁更准确

1.3.1　剩余收益估值法

剩余收益估值模型由美国学者奥尔森（Ohlson，1995）提出，他认为账面价值与未来经营活动产生的剩余收益现值之和是公司的内在价值，体现了公司内在价值与会计变量之间的关系。剩余收益估值模型自提出以来便受到财务、金融学界的广泛认可，是现代财务估值理论的重要组成部分。其标准形式是：

---

① 佚名. 企业及应用 App 排行榜［EB/OL］.［2019-10-25］. http://zhishu.analysys.cn/public/view/wTopApp/wTopApp.html? tradeId=1191166.

$$V_0 = B_0 + \frac{RE_1}{1 + r_E} + \frac{RE_2}{(1 + r_E)^2} + \cdots + \frac{RE_t}{(1 + r_E)^t} + \frac{V_t^E - B_t}{(1 + r_E)^t} \tag{1-1}$$

公司的内在价值 V_0 由账面价值 B_0 与剩余收益 RE 的现值与持续收益的现值组成。RE_j 为第 j 期的剩余收益（j=1，2，3，...，t），r_E 是贴现因子，V_t^E 是预期第 t 期的内在价值，B_t 是第 t 期的账面价值。模型的重点在于剩余收益的计算。剩余收益是指公司的净利润与股东所要求回报的差额，用公司经营活动实际产生的净盈余扣除资本成本后的剩余部分来表示：

$$RE = Earnings_t - r_E \times B_{t-1} = (ROCE_t - r_E) \times B_{t-1} \tag{1-2}$$

其中：RE 代表剩余收益；$Earnings_t$ 代表第 t 期公司获得的净利润；r_E 代表股东要求的回报率；B_{t-1} 代表期初账面价值；$ROCE_t$ 代表给股东的实际回报率。只有公司赚取的净利润超过股东要求的回报时，才能创造出正的剩余收益。

首先，我们根据剩余收益估值法对阿里进行估值。

第一步，使用资本资产定价模型（CAPM）计算资本成本 r_E：

$$r_E = r_f + \beta(r_M - r_f) \tag{1-3}$$

其中：r_f 为无风险利率；r_M 为市场收益率。

根据美国金融学教授阿斯沃斯·达摩达兰（Aswath Damodaran）在其网站公布的部分基准数据[①]，取美国 5 年期国债平均利率 2.35% 作为无风险利率，即 $r_f = 2.35\%$，取 5 年期标准普尔 500 指数平均收益率 8.36% 作为市场收益率，即 $r_M = 8.36\%$，β 系数取 Wind 数据库计算的数值 1.24，即 β = 1.24。根据 CAPM 计算得到 r_E=9.77%，即阿里的资本成本为 9.77%。

第二步，从 Wind 数据库获得阿里巴巴的每股盈余（Earnings Per Share，EPS）和每股分红（Dividends Per Share，DPS）的预测数据（见表 1-3），则可以根据 EPS 数据、DPS 数据算出每一年的每股净资产（Bookvalue Per Share，BPS）数据。计算公式如下：

$$BPS_t = BPS_{t-1} + EPS_t - DPS_t \tag{1-4}$$

每期计算结果见表 1-3 第五行。

---

① 资料来源于达摩达兰的个人网站（http://people.stern.nyu.edu/adamodar/）。

表 1-3 　　　　　　　　　　剩余收益估值模型计算结果　　　　　　金额单位：美元

时　　期	实际期	实际期	实际期	预测期 t_1	预测期 t_2	预测期 t_3
年　　度	2016	2017	2018	2019	2020	2021
EPS	2.28	3.65	3.74	4.72	6.31	8.70
DPS	—	—	—	—	—	—
BPS			28.82	33.54	39.85	48.55
ROCE				16.38%	18.81%	21.83%
RE				1.9034	3.0322	4.8055
折现因子				1.0977	1.2050	1.3228
RE现值				1.73	2.52	3.63
RE总现值			7.88			
持续价值						55.32
持续价值现值			41.82			
每股价值			78.53			

第三步，计算普通股股东权益收益率（Return on Common Equity, ROCE）。计算公式如下：

$$ROCE_t = \frac{EPS_t}{BPS_{t-1}} \qquad (1-5)$$

每期计算的结果见表 1-3 第六行。

第四步，计算 2019—2021 年的剩余收益（Residual Earnings, RE）。计算公式如下：

$$RE_t = (ROCE_t - r_E) \times BPS_{t-1} \qquad (1-6)$$

每期计算结果见表 1-3 第七行。

第五步，将未来的剩余收益用折现因子折现，计算出 2019—2021 年的 RE 现值，并加总得到 2019—2021 年的 RE 总现值。计算公式为：

$$RE现值_t = \frac{RE_t}{折现因子} \qquad (1-7)$$

$$RE 总现值 = RE现值_{2019} + RE现值_{2020} + RE现值_{2021} \qquad (1-8)$$

计算得出的结果为 7.88。

第六步，计算 2022 年及之后持续期剩余收益在 2021 年的价值，假设从 2021 年开始，阿里的剩余收益保持 1% 的速度持续稳定增长（g=1%），计算公式为：

$$持续价值 = RE_{2021} \times \frac{1+g}{r_E - g} \tag{1-9}$$

计算结果为 55.32。

第七步，将 2021 年得到的持续价值折现到 2018 年，结果为 41.82。

第八步，将 2018 年的 BPS 值、2019—2021 年的剩余收益现值、2022 年及以后的持续收益的现值加总得到阿里在 2018 年的估值为 78.53 美元/股。

剩余收益估值方法的估值准确与否取决于估值参数的选择，对此表 1-4 列出了资本成本参数和剩余收益未来增长率进一步的敏感性分析。第一行代表的是不同的未来增长率 g，第一列代表的是不同的收益增长率 r。2019 年 5 月 31 日阿里的股价是 149.26 美元/股，相当于以 5% 的永续增长率、8.77% 的资本成本为估值参数进行的估值。结合估值结果可知，利用剩余收益法得到的估值低于股价，这说明市场存在高估现象。

表 1-4　　　　　　　　敏感性分析　　　　　　　　单位：美元/股

未来增长率 / 收益增长率	g=0	g=1%	g=2%	g=3%	g=4%	g=5%	g=6%
r+1.5%	62.35	65.29	68.86	73.29	78.95	86.40	96.69
r+1%	65.84	69.25	73.44	78.71	85.54	94.74	107.79
r+0.5%	69.67	73.65	78.59	84.89	93.21	104.67	121.51
r=9.77%	73.90	78.56	84.41	92.00	102.21	116.70	138.88
r-0.5%	78.60	84.07	91.04	100.24	112.93	131.56	161.59
r-1%	83.85	90.31	98.67	109.93	125.92	150.38	192.51
r-1.5%	89.74	97.41	107.52	121.48	141.96	174.98	237.09

1.3.2　梅特卡夫估值法

传统估值方法在互联网企业估值中往往存在较多的缺陷，比如互联网企业未来现金流难以预测、净利润常为负等问题，而梅特卡夫定律利用用户数量与网络价值之间的关系进行评估，在互联网企业估值中发挥着重要的作用。相比于其他传统行业，用户对于互联网企业的价值影响更大，充分利用和深入发掘用户关系是互联网企业未来盈利的重要保障。

梅特卡夫定律指出，网络价值与网络规模的平方成正比。如公式（1-10）所示，网络价值和网络节点数的平方或用户数量的平方成正比：

$$V = a \times N^2 \tag{1-10}$$

其中：V 为网络价值；a 为价值系数；N 为用户数量。

基于梅特卡夫定律，我们检验阿里的企业价值与用户数量之间的关系。我们采用 2016—2019 年的相关数据，为了保证足够的数据量，以每季度作为时间划分，见表 1-5。企业价值通过阿里每季度公布的股价来表示，以美元计价，用户数采用的是阿里相应时期在财务报告中公布的月活跃用户数（MAU）。将阿里 2016 年第一季度至 2019 年第一季度的每期股价均值与月活跃用户数的平方做回归分析，得到如下拟合回归方程：

$$V = 4.988797 MAU^2 \tag{1-11}$$

检验结果显示，阿里股价与月活跃用户数的平方存在显著的正相关关系，R^2 值为 0.951507265，解释力度较大。将 2019 年第一季度阿里的用户数代入回归方程中，得到估值为 213.38 美元/股，高于 2019 年 3 月 29 日 182.45 美元/股的实际股价，这说明市场存在低估现象。参照上文剩余收益估值法的敏感性分析，213.38 美元/股的估值对应的大概是资本成本为 8.6%、永续增长率为 6.1% 的情况。

表 1-5　　　　　　　　　　阿里股价与用户数

时　间	股价（美元/股）	MAU（亿）	MAU²（亿平方）
2016Q1	79.03	4.23	17.8929
2016Q2	79.53	4.34	18.8356
2016Q3	105.79	4.39	19.2721
2016Q4	87.81	4.43	19.6249
2017Q1	107.83	4.54	20.6116
2017Q2	140.90	4.66	21.7156
2017Q3	172.71	4.88	23.8144
2017Q4	172.43	5.15	26.5225
2018Q1	183.54	5.52	30.4704
2018Q2	185.53	5.76	33.1776
2018Q3	164.76	6.01	36.1201
2018Q4	137.07	6.36	40.4496
2019Q1	182.45	6.54	42.7716

1.4　欲与天公试比高——与亚马逊公司的价值对比

1.4.1　亚马逊公司简介

1994 年杰夫·贝佐斯（Jeff Bezos）在美国西雅图州成立亚马逊公司，期初以网上书店的形式开展电子商务业务。经过 20 多年的发展，历经重资产投物流、高研发投技术等战略调整，亚马逊公司已经成为全球市值第二大的互联网公司（第一大为苹果公司）。在亚马逊公司成立初期，贝佐斯以将其打造成网上书店的形式进入市场，人们可以享受比实体书店数量更多、24 小时在线购物的便利服务。此时的亚马逊并没有大量库存，而是通过在线灵活对接订单进行交易。贝佐斯为了把亚马逊打造成"地球上最大的书店"（the Earth's biggest bookstore），不惜以业绩亏损为代价大力扩张营业规模。

1997 年 5 月亚马逊上市，在贝佐斯的眼中，亚马逊不只是图书网络市场中的佼佼者，而是要开始扩张商品种类。1997—2002 年，随着网上电子消费品的比例逐渐提高，音乐商店及国际业务逐渐展开，亚马逊也从网络书店逐渐向网络零售商的角色转变。到 2000 年，成为"最大的网络零售商"（the Internet's No.1 retailer）已是亚马逊公司新的宣传口号。

2001 年开始，亚马逊除了宣传自己是最大的网络零售商外，还将"最以客户为中心的企业"（The world's most customer centric company）作为新的经营目标。从 2002 年开始，亚马逊的业务模式逐渐转型为第三方服务、Prime 会员、亚马逊网络服务（Amazon Web Services，AWS）等高毛利服务业务。同时，亚马逊斥巨资打造物流体系，以高效的物流体系支撑起电商业务。到 2017 年底亚马逊全球仓储面积已达 1 940 万平方米，Prime 会员的数量突破 1 亿人。2010 年亚马逊开始在云计算业务上大力投资，技术投入占比大幅提升，收入也随之稳步上升，云计算逐渐成为亚马逊的支柱业务。目前亚马逊的 AWS 业务已辐射全球 18 个地理区域及 55 个可用区。AWS 业务获得了爆发式增长，也助力亚马逊新业务的发展。如图 1-15 所示，目前亚马逊除了基础的亚马逊商城，还通过并购科技领域、社交娱乐等其他产业的标的，形成了电商、物流、新零售、AWS 协同发展的较为完整的生态圈。

图 1-15 亚马逊的并购多样性

资料来源 根据方正证券行业报告《复盘亚马逊从优秀到卓越的 24 年》整理。

1.4.2 经营对比

如图 1-16 所示，亚马逊的营业收入主要来自线上线下业务、第三方销售服务、亚马逊网络服务等方面的收入。从历年营业收入的分布情况来看，目前亚马逊的营业收入主要以线上商店为主，另外，第三方销售服务的收入比重也较大，近几年投入较多的 AWS 的营业收入从 2018 年开始下降。从各业务的体量看，目前亚马逊和阿里巴巴的传统业务在营业收入中均占主要部分。2017—2018 年，亚马逊线上商店的营业收入占总营业收入的 60% 以上，2019 年第一季度其营业收入占总营业收入的近 50%。亚马逊的第三方销售服务是其第二大收入来源。占比第三的则是亚马逊的 AWS 服务，AWS 也是亚马逊未来发展主要的推动力。亚马逊的零售订购服务也是其重要的营业收入来源之一，其在 2012—2018 年呈现上升趋势。从 2017 年开始，亚马逊开始布局线下实体商店，如在 2017 年 6 月 16 日以总价 137 亿美元收购了全食超市（Whole Foods Market），通过库存管理、供应链管理、无人零售概念连接线上线下服务。

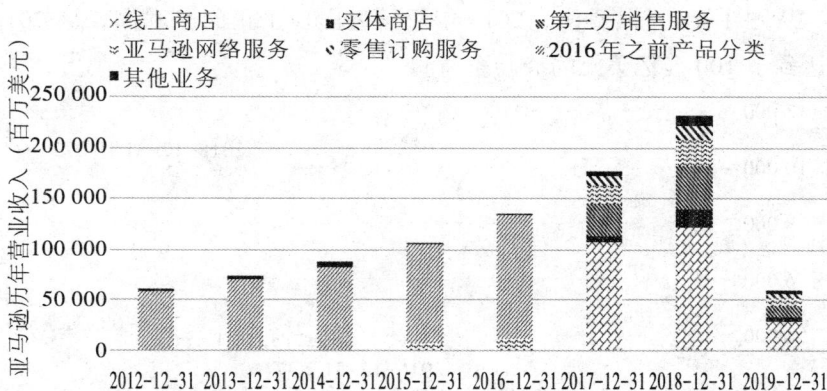

图 1-16 亚马逊历年营业收入

资料来源 根据 Wind 数据整理。

从图 1-17 可以看出，亚马逊 2018 年的毛利达到了 937.31 亿美元。2012—2018 年，亚马逊的毛利率稳步上升，从 24.75% 上升至 40.25%，

2019 年第一季度达到了 43.18%。整体而言，亚马逊的毛利率处于平稳增长状态，而阿里的毛利率虽然高于亚马逊的毛利率，但总体处于波动的下降状态。这也跟阿里的战略部署有关，目前阿里投入的新业务都处于初期阶段，没有出现正收益，拉低了总的毛利率。

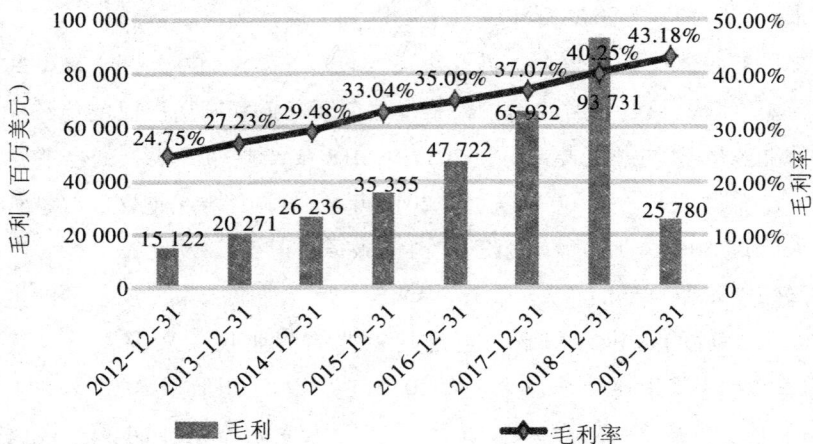

图 1-17 亚马逊历年毛利与毛利率

资料来源　根据 Wind 数据整理。

从图 1-18 可以看出，2013 年亚马逊出现了正的净利润，到 2018 年达到了 100 多亿美元的最高净利润。

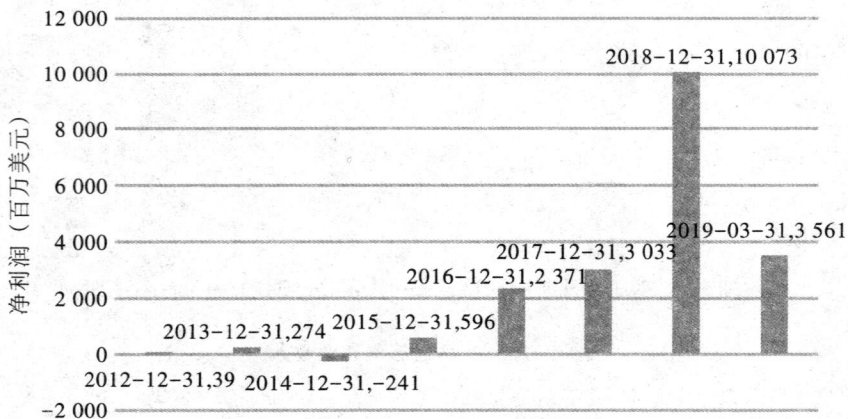

图 1-18 亚马逊历年净利润

资料来源　根据 Wind 数据整理。

1.4.3 估值对比

表1-6是2019年第一季度阿里和亚马逊的估值指标对比情况。阿里的市值为4 690.90亿美元，亚马逊的市值为8 761.29亿美元，是阿里市值的1.87倍。

表1-6　　　　　　　　　阿里和亚马逊估值指标的对比

项　目	阿里巴巴	亚马逊
代　码	BABA.N	AMZN.O
总市值（亿美元）	4 690.90	8 761.29
市盈率（P/E）	39.91	86.84
市净率（P/B）	5.95	20.09
企业价值/EBITDA（倍）	86.22	105.96

资料来源　根据Wind数据计算得出。

市盈率（P/E）是用股票市场价值除以每股盈利来计算的，代表一家公司的成长性和收益性，用于横向对比时可以比较出哪只股票更具有投资价值。市盈率反映一家公司每赚取1元净利润，股东手上的股份在资本市场上可以卖多少钱。阿里的P/E为39.91，亚马逊的P/E为86.84，这说明阿里每股如果赚取1美元盈利，股东手上的一股股票可以卖出39.91美元的价格，而亚马逊的股东手上的一股股票可以卖出86.84美元的价格。从这里可以看出，投资者更看好亚马逊的成长前景。但需要注意的是，如果把P/E倒过来看（即E/P），就是投资者花100元买入该公司的股票未来可能获得的预期收益率。阿里的市盈率倒过来即1/39.91≈2.51%，意味着投资者这时买入股票的未来预期收益率约为2.51%。而亚马逊的市盈率倒过来是1.15%，投资者此时买入股票，未来预期收益率可能低于阿里的预期收益率。

市净率（P/B）即股票的市值和净资产的比率，市净率越高，则每增加1元的净资产，股东手上的股票可以在资本市场卖出的价格越高。相对而言，阿里的市净率（5.95）比亚马逊的市净率（20.09）小，投资者更看好亚马逊的成长前景。但需要注意的是，如果把P/B倒过来（即

B/P）看作投资者的未来收益率，则此时投资者买入亚马逊股票的预期收益率可能低于阿里的预期收益率。

企业价值[①]/EBITDA 倍数是估值中经常会用到的一个指标，以企业价值作为分子，EBITDA 作为分母，代表企业的价值倍数。与其他指标相比，这种指标主要的特点是：首先，适用范围大，比如如果企业出现了负的净利润，则无法使用市盈率等与净利润相关的指标，而一般而言 EBITDA 为负的可能性是比较小的。其次，企业采用的不同折旧方法会导致净利润计算结果有差异，但不会导致 EBITDA 的差异。最后，EBITDA 不反映企业财务杠杆带来的影响，因此利用这种方法可以对财务杠杆不同的企业进行比较。从对比结果来看，亚马逊的企业价值/EDITDA 倍数高于阿里，说明亚马逊每创造 1 元 EBITDA 所带来的企业价值更高。但是，从企业价值/EDITDA 倍数的倒数来看，如果投资者此时买入亚马逊的股票，在其他条件不变的情况下，其未来的预期收益率会低于阿里的预期收益率。

1.5 案例小结

作为国内互联网企业龙头的阿里巴巴，以电商平台上超过 1 000 万家入驻商家和上亿活跃用户带来的巨大流量为基础，建立了云计算、广告、付费会员、娱乐与数字媒体等多重变现方式的生态圈模式。目前核心电商依旧是阿里巴巴业务收入的主要来源，公司通过淘宝、天猫、聚划算、全球速卖通、LAZADA 等多个领先的电商零售与批发平台全面铺开电商业务，但从销售业绩的趋势来看，电商红利正在逐渐缩减，想要通过佣金、广告费或者会员费等实现货币化，则必须及时调整电商平台的经营策略。阿里云业务在成立初期仅服务于阿里自身的电商业务，后来随着云服务市场需求的爆发式增长而迅速切入国内外云市场。作为占据公有云 IaaS 市场的领头羊地位的阿里巴巴，在未来的云市场布局中将会有更好的发展前景，云计算业务也将是其在下一轮互联网竞争中

---

① 企业价值=市值+总负债−总现金

的一把亮剑。阿里巴巴的娱乐与数字媒体及创新业务目前虽尚未产生盈利，但在阿里巴巴新物流、新制造、新金融、新资源以及改造现有产品服务或创造新产品的五"新"趋势下，相信在未来会有更好的发展。

　　阿里巴巴与亚马逊在发展轨迹上有许多相似之处，但同时也具有各自的成功特质。亚马逊作为美国的电商龙头、行业前瞻者，在电商红利逐渐减弱时努力调整策略，将自己前期的物流基础设施建设和之后的AWS云服务建设作为未来的发展重点。亚马逊在云计算业务上属于"多年培育，一触即发"的发展状态，在云服务尚未广泛推行时，以长期发展的理念不断投资及改进技术，最终在全球云服务市场独占鳌头。相信亚马逊公司的成功经验会给阿里巴巴带来启示。

第2章 势如破竹还是昙花一现

——拼多多的崛起与挑战

2.1 新电商开创者的传奇——拼多多

2.1.1 公司简介

拼多多创立于 2015 年 9 月，隶属上海寻梦信息技术有限公司，是一家专注于 C2B（Customer to Business）拼购的社交电商。创立 4 年多以来，拼多多致力于"为最广大用户提供物有所值的商品和有趣互动购物体验"，大胆重构传统的电商逻辑，发掘电商行业的蓝海，开创全新的商业模式。基于微信平台，拼多多主打社交拼购，为目标用户提供丰富的极具价格优势的商品，实现用户量、交易额等高速增长，迅速发展成为继阿里、京东之后的国内第三大电商平台。2018 年 7 月，拼多多于美国纳斯达克上市。

拼多多的创始人、董事长兼 CEO 黄峥，2002 年本科毕业于浙江大学，2004 年获得美国威斯康星大学麦迪逊分校（University of Wisconsin-Madison）计算机硕士学位，曾在谷歌工作。拼多多的团队是年轻化且富有创造力的，员工平均年龄 26 岁，毕业于清华、北大、复旦、上海交大等国内知名高校及其他海外名校的员工占 70%，更有大量来自谷歌、百度、阿里巴巴、腾讯等名企的技术和产品精英。截至 2018 年 12 月 31 日，拼多多技术团队拥有超过 1 800 名工程师，其中超过 250 人专注于算法设计和开发。

2.1.2　发展历程

拼多多一路狂奔，在短短的 3 年里创下了国内第一个社交电商"野蛮生长"的奇迹，而这背后蕴含着创始人黄峥大胆挑战的勇气与坚定。

黄峥出身于普通工人家庭，从小便是个"学霸"，中学就读于著名的杭州外国语学校，后来被直接保送至浙江大学竺可桢学院，主修计算机专业。2002 年本科毕业后，黄峥决定赴美深造，于威斯康星大学麦迪逊分校攻读计算机硕士学位。2004 年硕士毕业之际，黄峥收到了多家公司的录用通知，其中包括微软和谷歌。当时，微软如日中天，体制完善，而谷歌刚刚上市，处于初创期，具有较大的不确定性。面临艰难的抉择，黄峥在浙江大学学长段永平的指点下大胆加入谷歌，任职谷歌软件工程师和项目经理，且作为创始团队成员获得一定数量的股份。2006 年，黄峥与李开复一同被派往中国拓展业务，回国创办谷歌中国办公室。之后随着谷歌股价上涨，黄峥所拥有的股票净值上升至数百万美元。

不久之后，黄峥厌倦了因琐事往返美国总部的生活，毅然从谷歌辞职，开启了更富挑战性而又艰辛漫长的创业征程。科班出身的黄峥拥有对互联网行业发展前景的研究基础，能够洞悉互联网技术的发展与应用，而他的第一个创业方向恰恰选择了如火如荼的电子商务。2007 年在段永平的大力帮助下，黄峥承接了步步高的电子商务业务，并借此创办了自己的第一家公司——欧酷网（Ouku.com）。欧酷网由步步高控股，销售手机及配件、电子教育产品、高清数码产品等。2010 年，黄峥出售了欧酷网，创办电商代运营公司乐其，提供专业电子商务和咨询服务。随后，他又创建了一家基于微信平台的游戏公司，提供角色扮演的游戏。一路走来，黄峥从"学霸"蜕变成为连续创业者，始终不安分地挑战自我，在不断摸索和尝试中积累众多工作与创业经验，逐步实现财务自由，为之后的成功奠定了基础。

2015 年 4 月，拼多多的前身"拼好货"诞生，开创全新的社交电商模式。黄峥对于"拼好货"的创业灵感来源于 Facebook。他认为谷歌和 Facebook 作为互联网公司的成功典范，分别代表两种截然不同的商业模式。淘宝就好比电商版的谷歌，是以搜索引擎为导向的，而Facebook 的本质是社交网络，当时国内尚且没有运用 Facebook 模式的电商企业。于是，黄峥大胆地构想电商版的 Facebook，勇敢走出社交电商的第一步——推出"拼好货"，打造创新性的社交电商平台。"拼好货"是主营水果生鲜的 C2B 商城，用户通过向好友、家人等社交联系人发起拼团能够享受优惠价格，购买物美价廉的商品，社交拼购的商业模式初现雏形。2015 年 6 月，拼多多完成 A 轮融资，高盛资本作为领投方投资了数百万美元。同年 9 月，拼多多的微信公众号正式上线，短短两周内粉丝突破 100 万。

此后，拼多多进入高速发展期，以社交电商黑马的姿态驰骋市场。2016 年 1 月，拼多多付费用户数突破 1 000 万人，单月成交金额超过1 000 万元。2016 年 7 月，拼多多再创新高，用户量突破 1 亿大关，当月拼多多完成 B 轮 1.1 亿美元的融资，由高榕资本、IDG 资本和腾讯领投。2016 年 9 月，拼好货、拼多多合并，黄峥担任公司 CEO 及董事长。2016 年的"双十一"，拼多多实现了超过 200 万的日均订单量，以及超过 2 亿元的单日交易流水。拼多多仅运营一年，便在用户数、订单量等方面赶超了已经奋斗 5 年以上的唯品会、蘑菇街，增长速度远超创始团队及公众的预期。2017 年 9 月，拼多多成立两周年，用户数达到 2亿。2018 年 4 月，拼多多获得腾讯领投的 13.7 亿美元资金。当年 7月，拼多多正式登陆纳斯达克，用户数突破 3 亿。目前，拼多多已涵盖服饰、日用、家电、3C 数码、生鲜、家居家装等，品类丰富，不断满足用户的多元化需求。

拼多多率先实现了社交与电商的完美融合，凭借其创新性的商业模式迅速扩大用户群体，进一步开拓了行业市场空间，在众多电商平台中脱颖而出，建立起较高的市场地位和知名度。然而，尽管风靡全国赚足流量，拼多多也受到很多批评和质疑，假货横行、质量低劣引发人们的口诛笔伐，甚至被打上"拼夕夕"的标签。相比淘宝、京东，拼多多在商家准入与监管等方面存在较大的缺陷。为了吸引商家入驻，拼多多的店铺准入门槛低，商家产品和服务质量参差不齐，已有规章制度不健全，未侧重打击假货、虚假发货等行为。面临假冒伪劣的危机，拼多多积极采取应对措施。首先，规范平台管理，严厉打击假货。拼多多出台了一系列假货处理规则，涵盖假货判定、疑似假货及处罚措施、商家举证、最终判定和惩罚等各个方面。2019年1月1日，《拼多多商家信用管理规则》正式生效。该规则规定，拼多多根据商家信用评价情况进行相应的激励或惩戒，旨在增强商家诚信意识，保障消费者合法权益。

除了制度的保障，拼多多还实施了转型升级的战略部署。为了提高产品质量、为用户提供更优的客户服务和购物体验，拼多多于2018年10月上线"品牌馆"，阿玛尼、纪梵希等500多家国内外知名品牌重磅加入。2018年12月，拼多多接连推出"新品牌计划"，扶持1 000家中小微制造企业，涉及厨具、日用品等各个行业，帮助商家提升自身品牌，开发针对不同消费群体的新产品。

尽管大力推行转型升级，拼多多依旧处于舆论的风口浪尖。未来，如何打破人们的刻板印象、摆脱假冒伪劣的标签，仍是拼多多亟待解决的难题。

2.2 "社交流量+低价拼购"商业模式

作为新电商开创者，拼多多在阿里、京东的夹缝中迅速开辟了一片广阔的蓝海，基于微信平台打造了"社交流量+低价拼购"的颠覆性商业模式，重构了"人、货、场"的传统电商逻辑。如图2-1所示，总体来看，拼多多瞄准"价格敏感型"消费群体，打造核心的"社交流量+低价拼购"模式，通过社交传播的路径实现流量裂变，专注于提供低价爆款商品，缩短供应链，构建了"用户-平台-商家"的全新生态链，实现用户满意、平台流量聚集、商家产品畅销的三赢。

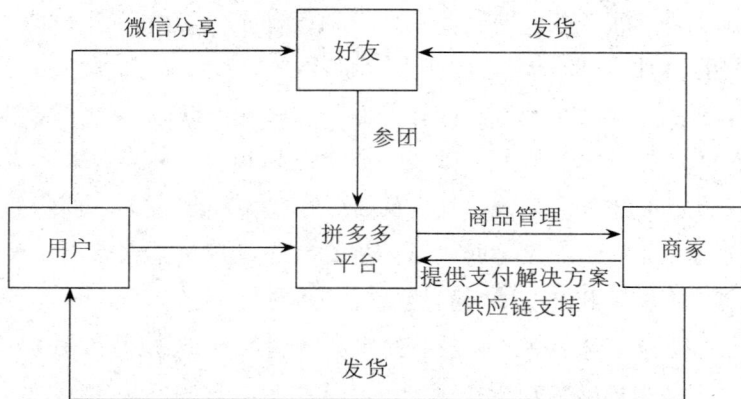

图 2-1　拼多多的商业逻辑

2.2.1　用户：瞄准价格敏感型用户，专注社交拼购新模式

早在拼多多成立之前，国内电商行业便已呈现出百花齐放的局面。阿里巴巴、京东两大巨头在市场中占据主导地位，同时，唯品会、聚美优品、蘑菇街等一批批后起之秀不断涌现，相互追赶。如此局面下，拼多多积极寻求新的市场空间和新的增长点，避开与淘宝、京东两大巨头的正面交锋，瞄准"价格敏感型"用户，采用社交拼购的模式迅速揽取大量用户流量，从千军万马的混战中杀出重围。

拼多多能够寻求新的市场空间，关键在于其独特的用户定位。从国内电商行业现状来看，阿里巴巴、京东已经牢牢掌控了一、二线城市的市场，而拼多多则另辟蹊径，放眼被阿里巴巴、京东所忽视的三、四线城市，采取"农村包围城市"的战略快速扩张。如图 2-2 所示，2018年，拼多多平台的用户基本有 60% 以上来自三、四线城市，一、二线城市的用户仅有 30% 左右。并且，从 2018 年每季度来看，来自三、四线城市的用户占比更是逐步提高，在第四季度高达 70.3%。与一、二线城市的消费群体相比，三、四线城市的群体收入较低，消费水平有限，更倾向于追求低价实惠的商品，对商品价格更为敏感。并且，三、四线城市的群体闲暇时间更多，更愿意为了优惠差价而"周旋"。

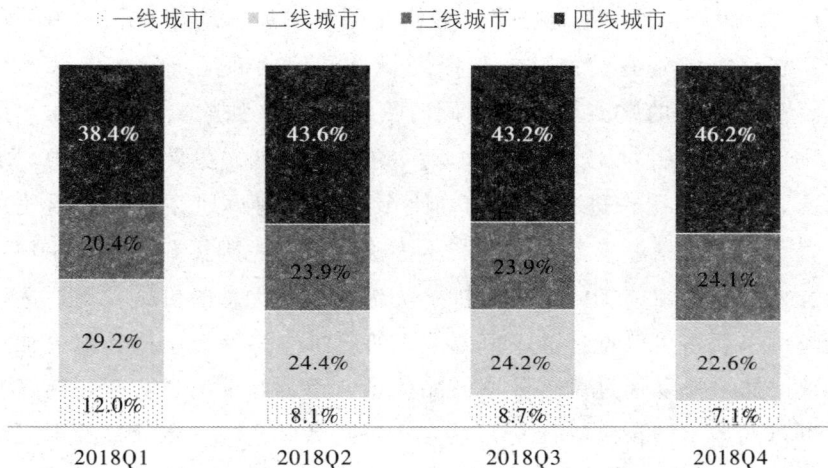

图 2-2　2018 年拼多多的用户城市分布

资料来源　Questmobile.

与其他电商平台相比，拼多多不仅拥有绝对多数的三、四线城市用户，其女性用户、中老年用户占比也更高。根据 Questmobile 统计，2018 年 7 月，各电商平台的女性用户占比平均为 46.8%，拼多多的女性用户占比为 65.6%；同时，拼多多 36 岁以上的用户占比为 37.6%，也高于同行 19.8% 的平均水平。女性消费者往往精打细算，中老年群体收入不高，这些消费群体在购物过程中会更多地考虑价格的因素。不论是三、四线城市消费群体，还是女性、中老年用户，均体现了拼多多用户画像的总体特征——价格敏感。拼多多恰恰将目标用户锁定在这些"价格敏感型"的消费群体，发掘了当中潜在的广阔市场空间。

有了明确的用户定位，接下来应该如何获取用户和流量呢？目前，移动互联网企业普遍面临两大难题：一是获客成本高；二是难以保持较高的用户活跃度。拼多多借助微信这个国内最受欢迎的社交平台打造社交拼购模式，巧妙地解决了这两大问题。微信本身拥有庞大的用户基数，用户黏性也较高，拼多多通过充分利用微信的流量优势，恰恰做到了以最低的成本迅速获取用户和攫取市场，并实现流量的有效转化。

我们可以从拼多多用户的购物流程分析其社交拼购模式的特点，如图 2-3 所示。首先，拼多多不仅为用户提供了 App 入口，还依托了 QQ、微信小程序、公众号等众多社交网络渠道。新用户无须单独注册，可以直接通过社交账号登录，挑选心仪的商品。在拼多多平台上，每件商品的购买页面都会同时展示出"单独购买"价格和"拼单"价格，两者对比之下，"拼单"价格更优惠，更具有吸引力。实际上，这暗示用户进行拼单购物比个人单独购买划算很多，促使用户特别是"价格敏感型"用户产生拼购行为。在购买商品时，用户可以选择发起拼单或加入已有的拼单队伍，享受优惠的价格。用户选择发起拼单后，可以选择邀请好友或者等待拼多多平台中的其他人加入拼单。用户可以通过微信分享商品信息，邀请好友组建队伍，其好友也可自发地邀请自己的社交联系人，将商品信息进一步分享给更广泛的家庭和社交群体。这样无形中便实现了蔓延式的传播，每吸引一名用户便同时获取大量的潜在用户，犹如"滚雪球"一样促进用户数大规模增长。上述拼单形成后，如果买家数达到商家规定的最低规模，则拼单成功，等待发货；如果 24 小时内拼单人数不足，拼单将被取消，买家支付的款项将被全部退还。

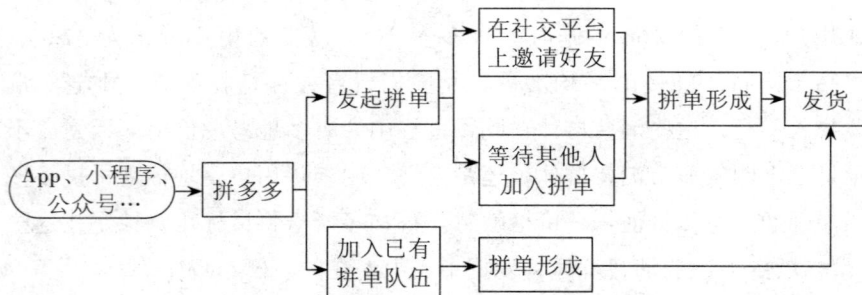

图 2-3 拼多多购买流程

总体而言，拼多多着眼于"价格敏感型"的用户群体，以低价的优势吸引目标消费人群；深度挖掘微信流量红利，基于社交手段打造其核心的低价拼购模式。在"社交流量+低价拼购"的商业逻辑下，拼多多鼓励并引导用户分享商品信息、邀请好友以享受价格优惠，充分利用微信的社交关系网络进行裂变式传播和病毒式营销，在滚雪球效应下实现低成本获客。

2.2.2　平台：重构"人、货、场"电商逻辑，营造逛街式购物场景

从平台角度出发，拼多多能够为用户带来什么样的产品体验以及消费场景呢？区别于传统电商移动端，拼多多弱化搜索功能，采用信息流的方式呈现商品，遵循"货找人"的底层逻辑主打推荐，提供大量优惠活动，全方位为用户营造出逛街式消费场景。

传统的电商平台注重需求导向型消费，采取"中心化搜索"的流量分配机制，基于"人找货"的逻辑打造搜索式购物模式。淘宝、京东等传统电商是通过中心化的平台入口汇聚用户资源的，同时集中了海量的商家和商品，于是，用户在这些平台可以通过分类导航或者搜索关键词来寻找自己所需要的商品。然而，拼多多开拓性地重构传统的"人、货、场"关系，遵循的是截然不同的"货找人"逻辑，形成与传统电商平台的差异化竞争。图 2-4 展示了拼多多 App 的特点。

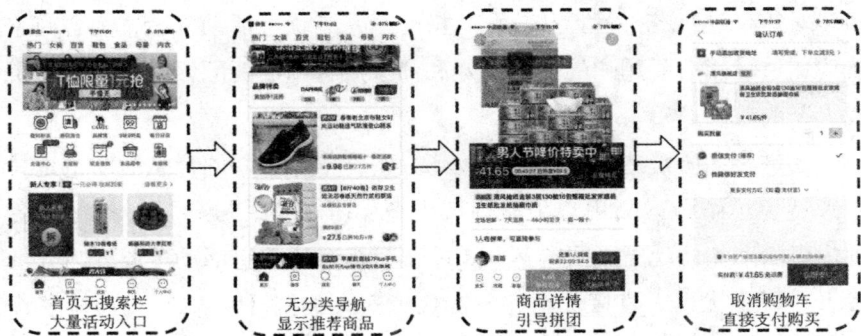

图 2-4　拼多多 App 的特点

首先，拼多多首页没有搜索栏。淘宝、天猫、京东等购物 App 均会在首页顶部设置搜索栏，以供用户搜索特定商品。用户如果要在拼多多 App 中搜索商品，就需要先进入底部导航栏的搜索页面才能找到搜索栏，比其他 App 增加了一个步骤。其次，拼多多 App 无分类导航，用户不能根据特定需求的商品种类进行筛选。对搜索、分类筛选功能的弱化，反映了拼多多更关注那些没有特定购物需求的消费人群，注重引导人们无目的性的随机消费。

拼多多一方面弱化搜索、筛选功能，打破以店铺、类目的运营单位展示商品的局限，另一方面通过信息流的方式展示商品，创新性地采用去中心化的推荐式销售模式。信息流方式的本质是进行内容的推荐，通过记录用户的数据，绘制用户画像，猜测用户的兴趣爱好并主动推荐用户感兴趣的内容。如图 2-4 所示，用户在使用拼多多 App 时，不能根据分类或店铺进行筛选，只能不断下滑页面查看推荐的商品，从琳琅满目的商品信息中挑选心仪的商品，边逛边买，宛如置身于线下逛街的情境中。同时，平台进一步搜集用户浏览、购买等行为记录不断修正用户画像，经过反复的交互之后，平台完成对用户的充分了解，所推荐的信息流越来越匹配、贴合用户的兴趣爱好，从而实现精准营销。

目前拼多多主打的是去中心化的社交推荐，即通过拼单了解用户，通过用户推荐商品，而后期基于大数据、人工智能等技术实现机器推荐。在当前的社交推荐模式下，每个用户都是流量中心，基于社交关系链条实现买家与买家之间的相互推荐，激发用户的购物需求。并且，拼多多对流量进行统一管控和分配，搭配一系列优惠活动入口，为各商家推广创造情境，将用户的兴趣爱好和商家广告精准匹配，切实贯彻“货找人”的底层逻辑。

在拼多多所营造的逛街式购物场景中，丰富多彩的优惠活动也是其一大特色。结合产品用户生命周期模型①（如图 2-5 所示），拼多多各种优惠活动均体现了不同的运营策略。拼多多的优惠活动主要分为分享优惠、现金优惠、直接优惠和游戏优惠四大类型（见表 2-1）。分享优惠类活动包括拼团、砍价免费拿、助力享免单等，这些活动提供极具吸引力的打折或免单优惠，用户必须分享才能享受，由此促使用户自发地将商品信息传播、分享给好友。基于用户分享行为，拼多多能够获取更多的用户流量，以较低的成本开拓新用户，实现病毒式传播。而用户参与天天领红包、签到领现金等现金优惠类活动可以获得现金红包，该类活动在活跃用户和提高留存率两个阶段发挥重要作用，防止用户流失。拼多多还提供直接优惠活动，如断码清仓、9 块 9 特卖、限时秒杀等吸

---

① 即 AARRR 模型，是互联网产品运营常见模型，由 Dave McClure 于 2007 年提出。

引用户购买，最大限度地提高用户的活跃度。除此之外，拼多多持续创新，积极开发多多果园、多多爱消除在内的系列游戏，不仅增强了用户购物的趣味性，提高用户活跃度和留存率，还通过游戏界面进行商品推广、商家流量分发。这些游戏为用户设计了浏览商品、在指定页面下单、每日领福利等游戏任务，为商家提供推广场景，实现了从用户流量到收入的完美转化，提高变现能力。多种多样的优惠活动优势互补，极大地促进产品用户生命周期的各个环节的发展，从而保证平台的成功运营。

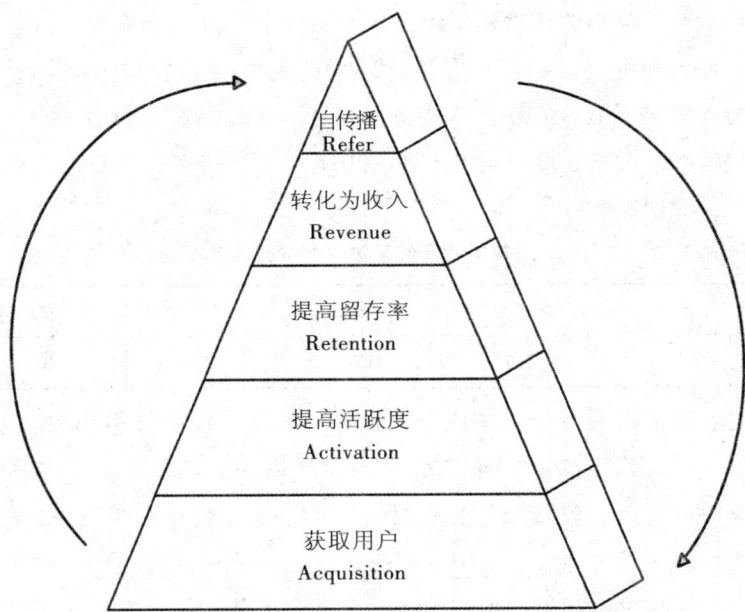

图 2-5　产品用户生命周期模型

表 2-1　　　　　　　**拼多多的主要优惠活动**

活动类型	具体活动	对应作用
分享优惠	拼团、砍价免费拿、助力享免单等	获取用户、自传播
现金优惠	天天领红包、签到领现金等	活跃、留存
直接优惠	断码清仓、9块9特卖、限时秒杀等	活跃
游戏优惠	多多果园、多多爱消除、一分抽大奖等	活跃、留存、转化

最后，与推荐式销售模式相匹配的还有取消"购物车"的设计。我

们知道，几乎所有的购物 App 都会设置"购物车"功能，方便用户合并结算、提高效率，但拼多多却打破传统，舍弃"购物车"设计，设定所有商品只能直接购买，全场默认包邮，如图 2-4 所示。这样能够缩短用户的决策路径，减少用户查看购物车时重新考虑购买选择的机会，促进用户的冲动消费。这个看似不起眼的细节设计，实际是拼多多引导大量随机消费、冲动消费的重要途径。

2.2.3 商家：C2M 缩短供应链，提供低价爆款商品

拼多多一路高歌猛进，吸引大量商家入驻，活跃商家数呈现出爆发式的增长。根据公开财报和有关信息（见表 2-2），2017 年第一季度刚起步的拼多多只有 9.7 万活跃商家，经过短短一年的时间便发展至 100 万活跃商家，增长速度高达 9.3 倍。2018 年底，拼多多平台的活跃商家数量已经增加至 360 万。

表 2-2　　　　　　拼多多活跃商家数（部分披露）

	2017Q1	2018Q1	2018Q2	2018Q4
活跃商家（万）	9.7	100	170	360

对于商家来说，拼多多设定的开店门槛低，流量向中小商家倾斜。相比于天猫、淘宝 2%～4% 的佣金率和严格的规则体系，拼多多平台不收取任何提点，仅代微信、支付宝等第三方支付平台收取 0.5% 的交易手续费，这极大地鼓励了中小商家入驻。商家可以零门槛入驻，极速开店，入驻和发布产品均不需要缴纳保证金，节省一定支出。如果商家想要发布超过货值或库存限额的商品，或报名限时秒杀、品牌清仓等活动，则需要交纳足额的店铺保证金，通常是 1 000～2 000 元，少数情况如店铺虚拟类目的保证金为 10 000 元。

从供给侧的角度分析，拼多多打造 C2M（Customer to Manufactory，用户直连制造）模式，把消费者的需求放在首位，专注于提供低价爆款商品，缩短供应链，为商家实现"少库存、高销量"的销售目标。如图 2-6 所示，传统供应链中，工厂根据订单向品牌商供货，由经销商、零售商进行多层分销，最后消费者通过一定的销售渠道购买到产品。显

然，传统的供应链层级较多，各环节效率低下，容易造成库存积压、供应链成本过高的问题。拼多多立足于自身独特的商业模式，让用户参与到供应链的决策与管理中：在 C2M 模式中，拼多多平台统一聚集用户的需求，同时直接对接工厂，以批量化订单的形式进行采购，工厂实现反向大规模生产。在这一过程中，用户直接对接厂商，省去中间的低效环节，也正由于供应链的缩短与优化，不仅商品的供给效率得到提高，实现批量化定制化生产，还大大降低了采购、生产、物流成本，从而使商品售价大幅降低，"低价爆款"商品成为平台主流。对工厂来说，成本的节约有利于实现"薄利多销"，为消费者提供价格诱人的商品，同时根据用户需求定制化生产的方式能够有效消化产能、去库存。对于消费者来说，人们能够以最低的价格购买高性价比的商品，商品供给更快更精准，从而实现订单量与交易额的迅速提高，有利于实现规模经济。

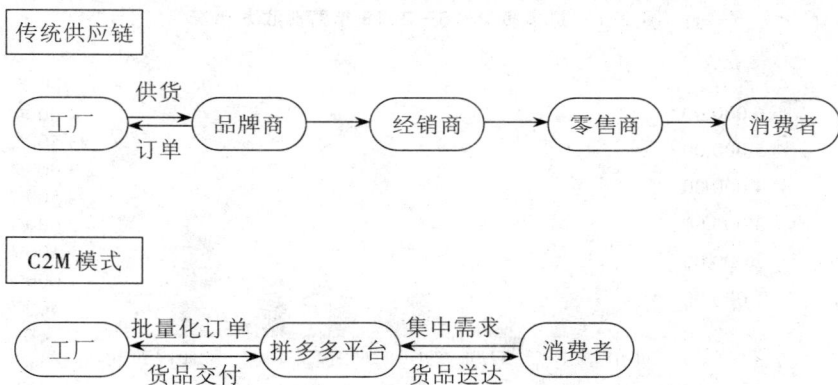

图 2-6　传统供应链与 C2M 模式

2.3　狂奔的电商黑马：业绩分析

2.3.1　营业收入及收入结构

如图 2-7 所示，自成立以来，拼多多营业收入持续高速增长，势不可挡，从 2016 年的约 5 亿元飙升至 2018 年的 131.2 亿元，2018 年全年营业收入同比增长 6.5 倍。从各季度情况来看，拼多多季度营业收入节节攀升，2018 年各季度营业收入的同比增长率一度达到 20 倍以上，环比增长率则有波动下降的趋势（如图 2-8 所示）。2018 年第四季度拼多多的营业收入创下了 56.54 亿元的历史新高，环比增长 68%，同比增长 379%。

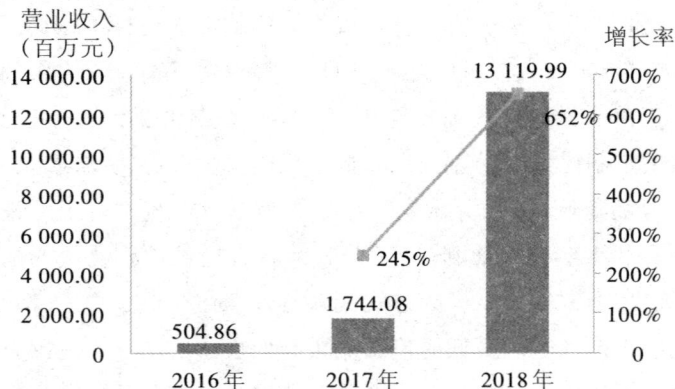

图 2-7　拼多多 2016—2018 年营业收入情况

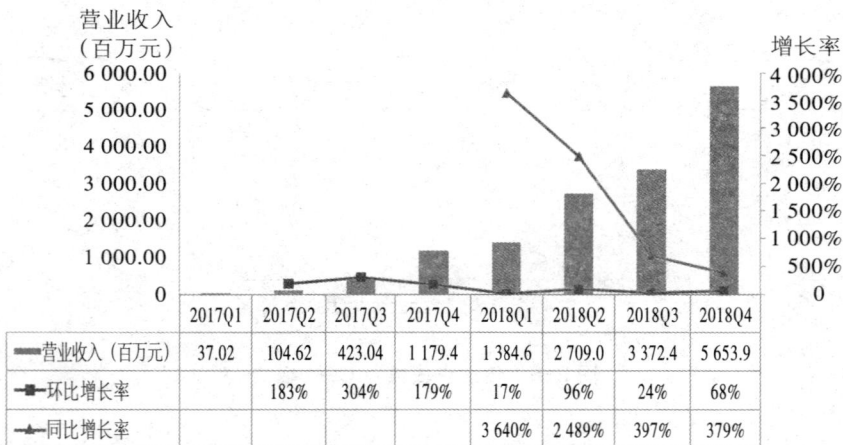

	2017Q1	2017Q2	2017Q3	2017Q4	2018Q1	2018Q2	2018Q3	2018Q4
营业收入（百万元）	37.02	104.62	423.04	1 179.4	1 384.6	2 709.0	3 372.4	5 653.9
环比增长率		183%	304%	179%	17%	96%	24%	68%
同比增长率					3 640%	2 489%	397%	379%

图 2-8　拼多多 2017—2018 年各季度营业收入情况

从收入结构来看，拼多多的营业收入总体分为在线市场服务收入和商品销售收入。其中，在线市场服务收入由在线营销服务收入和佣金收入两部分构成（如图 2-9 所示）。在线营销服务收入是指拼多多向商家收取营销费用，为商家提供关键词广告，即通过关键词在搜索结果中展示商品详情，以及提供横幅、链接、标识等形式的广告。佣金收入是指拼多多代第三方支付平台向商家收取销售金额 0.6% 的交易手续费。如图 2-10 所示，

2017 年第一季度，拼多多营业收入有 9% 来自自营业务的商品销售，91% 来自佣金收入，自此之后拼多多便全面实施业务转型，放弃商品销售的自营业务，转为以在线市场服务为主的平台模式。从图 2-9 和图 2-10 可以看到，近两年，拼多多在线营销服务收入明显快速上涨，且比重大幅上升，而佣金收入则保持较为稳定的增长。2018 年第四季度，拼多多在线营销服务收入飙升到 50.62 亿元，占营业总收入的比例为 90%，佣金收入为 5.91 亿元，占营业总收入的 10%。由此，在线营销服务收入和佣金收入成为拼多多收入的核心来源和增长引擎，驱动营业收入的持续增长。

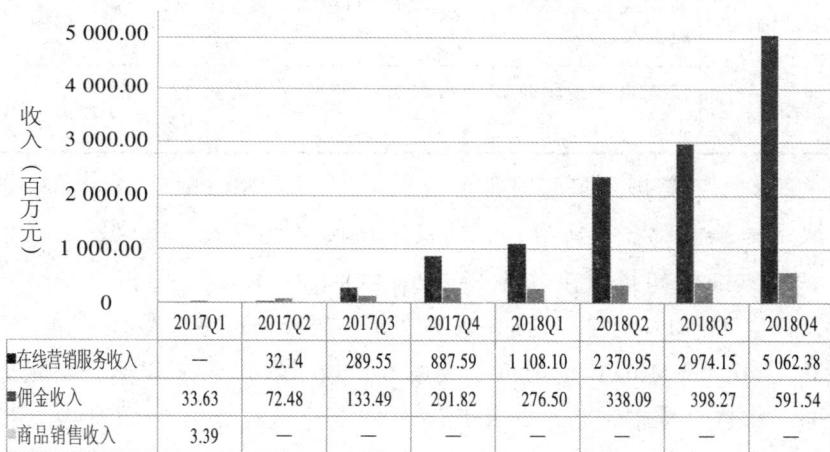

	2017Q1	2017Q2	2017Q3	2017Q4	2018Q1	2018Q2	2018Q3	2018Q4
■ 在线营销服务收入	—	32.14	289.55	887.59	1 108.10	2 370.95	2 974.15	5 062.38
■ 佣金收入	33.63	72.48	133.49	291.82	276.50	338.09	398.27	591.54
商品销售收入	3.39							

图 2-9　拼多多各项收入情况

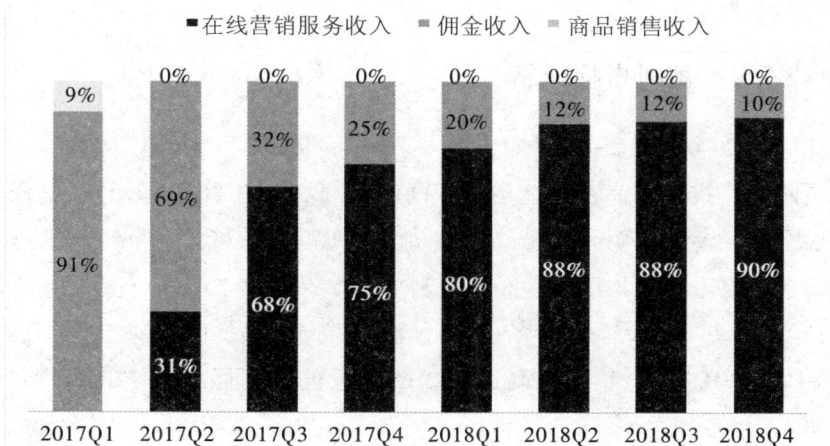

图 2-10　拼多多的收入结构

为了进一步探讨拼多多的收入来源，我们深入分析拼多多的营销工具及其收费方式，见表2-3。

表 2-3　　　　　　　　　　**拼多多的营销工具及其收费方式**

营销工具	说　　明	计费方式
多多进宝	商家设置优惠券和佣金比例，激励推手助推销量	CPS
搜索推广	在关键字搜索的结果中显示广告	竞价CPC
场景推广	在对应的版块或分区中以广告的形式显示商家的信息	CPC
明星店铺推广	为旗舰店、专卖店、专营店等明星商家提供广告展示服务	CPM
首页横幅广告	在首页中提供横幅广告服务，常见位置为第2～7帧不等	竞价CPM

多多进宝是拼多多官方推广返佣平台，采用CPS（Cost Per Sale，即按销售额付费）收费模式，即商家按照最终有效交易金额支付佣金。搜索推广和场景推广采用CPC（Cost Per Click，即按点击数付费）或竞价CPC计费方式，即按照广告被点击的次数进行收费。CPM（Cost Per Mille）是指每千人成本，按千次展示来收费。明星店铺推广和首页横幅广告便是采用基于固定价格或竞价的CPM收费模式。从收入结构和收费特点来看，拼多多可以看作一个互联网流量广告公司。

2.3.2　盈利指标分析

由表2-4和图2-11可知，拼多多的毛利润和毛利率显著增长。在初创阶段，拼多多尚且不能创造正向的毛利润，自2017年第三季度开始拼多多经营业绩明显改善，毛利润由负转正，毛利率上升到58.56%。随后各季度毛利润均逐步提高，毛利率基本保持在70%以上的高水平。2018年第四季度，拼多多的毛利润提高到42.3亿元，毛利率为74.81%，2018年全年实现高达102.15亿元的毛利润以及77.86%的毛利率。

表 2-4   拼多多历年毛利润及净利润情况

项　目	2016 年	2017 年	2018 年
毛利润（百万元）	-73.01	1 021.25	10 214.74
毛利率	-14.46%	58.56%	77.86%
NON-GAAP 归属于母公司的净利润（百万元）	-318.34	-372.20	-3 456.05
净利率	-63.06%	-21.34%	-26.34%

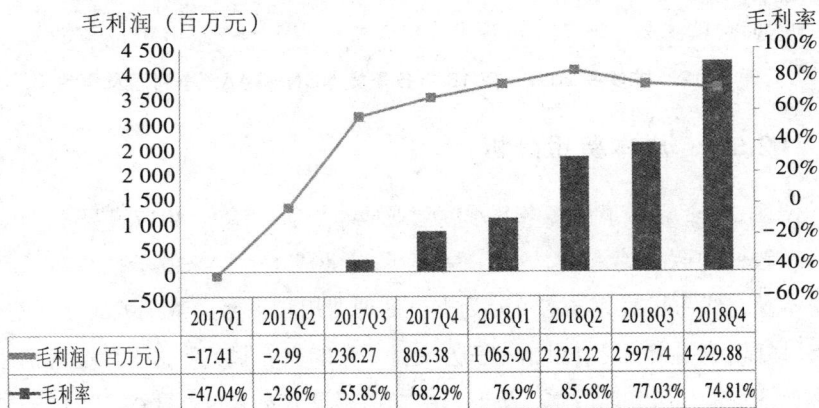

	2017Q1	2017Q2	2017Q3	2017Q4	2018Q1	2018Q2	2018Q3	2018Q4
毛利润（百万元）	-17.41	-2.99	236.27	805.38	1 065.90	2 321.22	2 597.74	4 229.88
毛利率	-47.04%	-2.86%	55.85%	68.29%	76.9%	85.68%	77.03%	74.81%

图 2-11　拼多多 2017—2018 年各季度毛利润及毛利率

　　尽管营业收入和毛利润持续大幅上升，但拼多多的净利润仍处于亏损状态，短期内无法实现盈利。由表 2-4 和图 2-12 可知，不论是年度还是各季度情况，拼多多的 NON-GAAP 归属于母公司的净利润总体呈现出下降趋势，亏损进一步扩大。从 2017 年第一季度到 2018 年第四季度，拼多多亏损程度加重，NON-GAAP 归属于母公司的净亏损从 0.74 亿元扩大到 18.96 亿元，2018 年全年 NON-GAAP 归属于母公司的净利润为-34.56 亿元。在净利率方面，从 2017 年各季度来看，拼多多的亏损比率有所缩窄，NON-GAAP 净利率从-199.35% 上升到 2.23%，但从 2018 年各季度来看，净利率整体滑坡，2018 年第四季度净亏损率为 33.53%，全年净亏损率为 26.34%。

NON-GAAP归属于母公司净利润
（百万元）　　　　　　　　　　　　　　　　　　　　　　　　净利率

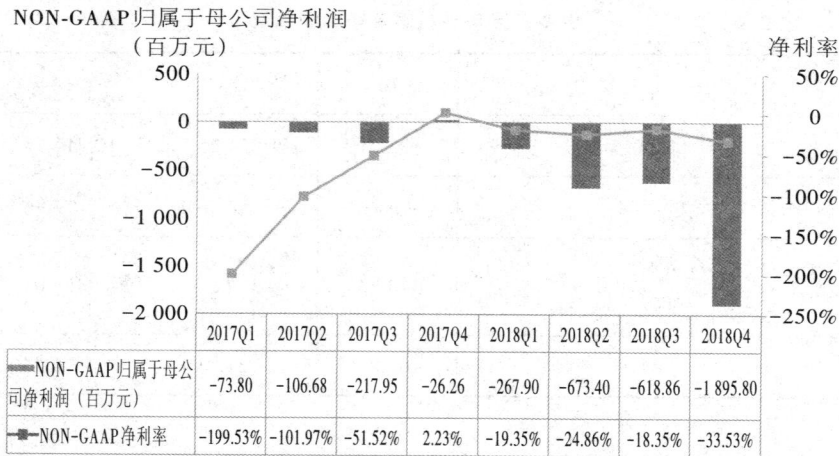

	2017Q1	2017Q2	2017Q3	2017Q4	2018Q1	2018Q2	2018Q3	2018Q4
NON-GAAP归属于母公司净利润（百万元）	-73.80	-106.68	-217.95	-26.26	-267.90	-673.40	-618.86	-1 895.80
NON-GAAP净利率	-199.53%	-101.97%	-51.52%	2.23%	-19.35%	-24.86%	-18.35%	-33.53%

图 2-12　拼多多 2017—2018 年各季度 NON-GAAP 净利润及净利率

2.3.3　成本费用分析

图 2-13 显示了拼多多各季度营业成本情况。除了 2017 年第一季度还存在较低的商品销售成本外，拼多多的营业成本主要来源于在线市场服务成本。在线市场服务成本可分为支付处理费用和平台运营相关成本两部分。支付处理费用指的是支付给第三方支付平台的交易服务费，平台运营相关成本包括宽带和服务器成本、折旧、维修费、员工支出等。显然，2017—2018年，拼多多各季度在线市场服务成本出现大幅度上涨，2017 年第一季度只有 0.51 亿元，随后翻倍增长，2018 年各季度在线市场服务成本同比增长 2.6 倍以上，其中 2018 年第四季度成本金额为 14.24 亿元，同比增长率达 281%。

目前，拼多多毛利率较高，但依然处于较严重的亏损状态，主要根源在于高额的市场营销费用。从图 2-14 和图 2-15 可以发现，拼多多销售及市场费用持续增加，从最初的 0.74 亿元飙升到 2018 年第四季度的 60.23 亿元，销售及市场费用率居高不下，基本在 85% 以上，极大地限制了自身的盈利水平。这与拼多多的营销策略有关。随着规模的扩张，拼多多不惜代价地巨额投放线下线上广告，赞助大量的主流综艺节目，在短时间内 "三亿人都在拼的购物 App" 便成为家喻户晓的广告语。另外，拼多多的管理费用总体波动较大，研发费用则稳定增长，2018 年第四季度达到 5.25 亿元，第三、四两个季度研发费用率保持在 9% 以上的水平。

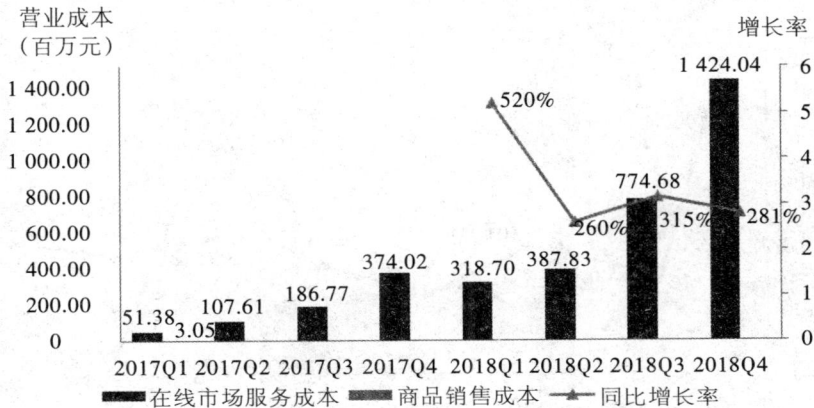

图 2-13 拼多多营业成本情况

注：2017Q1 商品销售成本为 305 万元，自 2017Q2 起拼多多无商品销售成本。

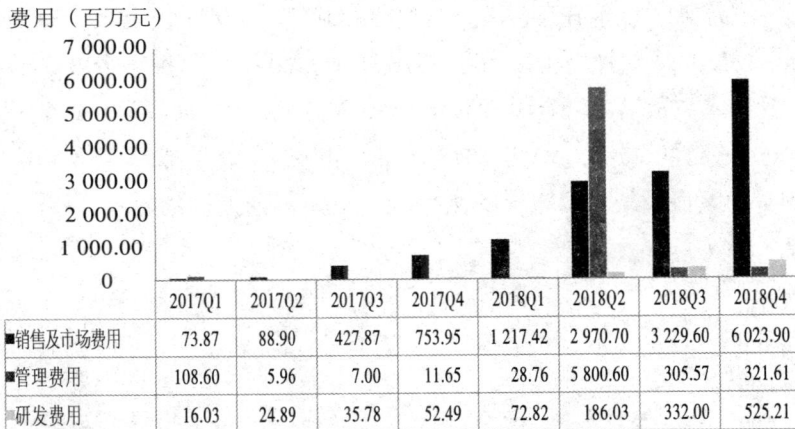

费用（百万元）	2017Q1	2017Q2	2017Q3	2017Q4	2018Q1	2018Q2	2018Q3	2018Q4
销售及市场费用	73.87	88.90	427.87	753.95	1 217.42	2 970.70	3 229.60	6 023.90
管理费用	108.60	5.96	7.00	11.65	28.76	5 800.60	305.57	321.61
研发费用	16.03	24.89	35.78	52.49	72.82	186.03	332.00	525.21

图 2-14 拼多多各项费用情况

2.3.4 关键指标

为了探讨拼多多的发展状况和潜在能力，我们结合电商企业特有的关键指标做进一步分析。GMV（Gross Merchandise Volume）是电商平台企业常用的重要指标，表示平台订单成交总额。GMV 包括实际付款和未付款部分，往往高于电商平台实际经营额，衡量电商平台流量变现能力。由于拼多多无购物车的设置，GMV 的具体计算方式如公式（2-1）所示：

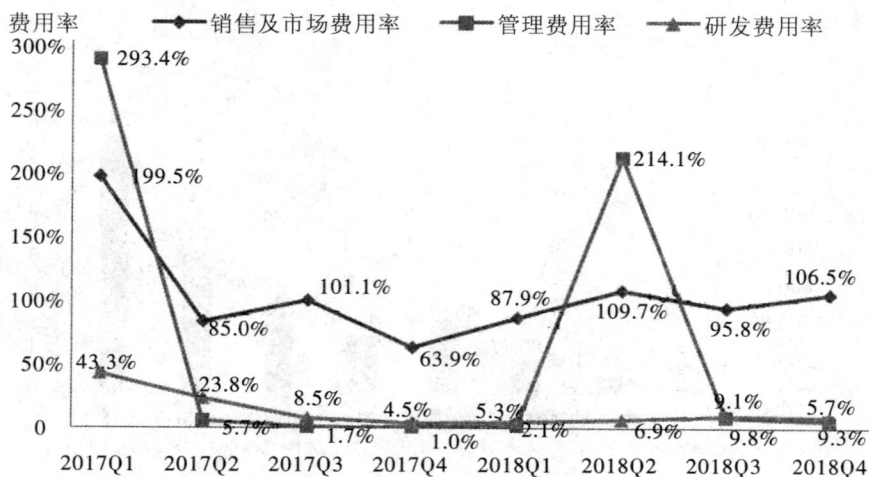

图 2-15　拼多多各项费用率

$$GMV=销售额+拼单但拼单失败+拼单成功但未支付+支付但拒收+退货订单 \quad (2-1)$$

作为新电商业务开创者，拼多多仅用了 3 年时间便实现了 GMV 和用户数量的爆发式增长。如图 2-16 所示，2017 年，拼多多以高于 84% 的增长率完成各季度 GMV 的跨越式增长，当年第四季度便首次突破 1 000 亿元的年化 GMV。2018 年底，拼多多更是取得了 4 716 亿元 GMV 的瞩目成绩，同比增长 2.34 倍，处于高速发展的阶段。

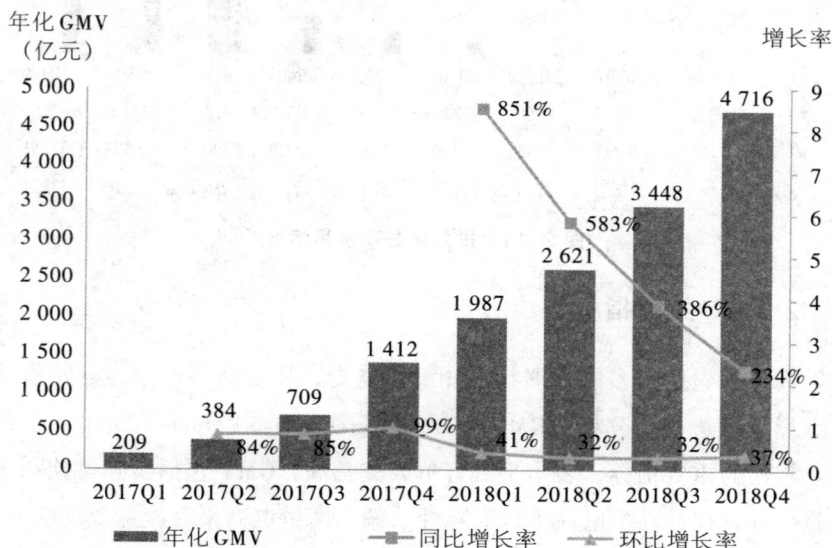

图 2-16　拼多多年化 GMV

　　用户流量是拼多多生存与发展的基石。在用户量方面，拼多多通过社交拼购模式实现流量裂变和用户积累，月活跃用户数（Monthly Active Users，MAU）和活跃买家数呈现出高增长的态势，如图 2-17 和图 2-18 所示。2017 年初，拼多多的 MAU 和活跃买家数均较低，分别为 0.15 亿人和 0.68 亿人，随后 MAU 连续三个季度翻倍增长，年度活跃买家数也以 50% 左右的环比增速增长，用户和买家规模迅猛扩大。2018 年上半年，MAU 突破 1.6 亿人，同比增速一度高达 10 倍，年度活跃买家数则攀升至 3 亿人以上，同比增长 2.5 倍以上。从 2018 年全年来看，拼多多完成前期用户积累的阶段，拥有了较大的用户基数，MAU 和活跃买家数增长率均有所下降。2018 年底，MAU 达到 2.726 亿人，年度活跃买家数为 4.185 亿人。

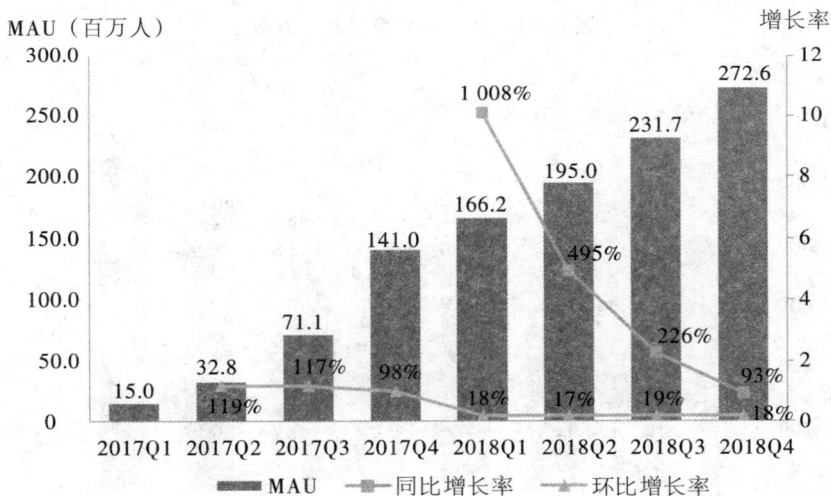

图 2-17　拼多多 MAU

　　根据公开财报，拼多多活跃买家年平均消费额（亦"人均 GMV"）在近两年也同样保持较快增长（如图 2-19 所示），最初人均每年消费 308.7 元，之后各季度持续上升，2018 年第四季度活跃买家年平均消费额增加到 1 126.9 元，同比增长 95%。用户规模的扩张和用户消费水平的不断上升，是拼多多 GMV 增长的主要驱动力。

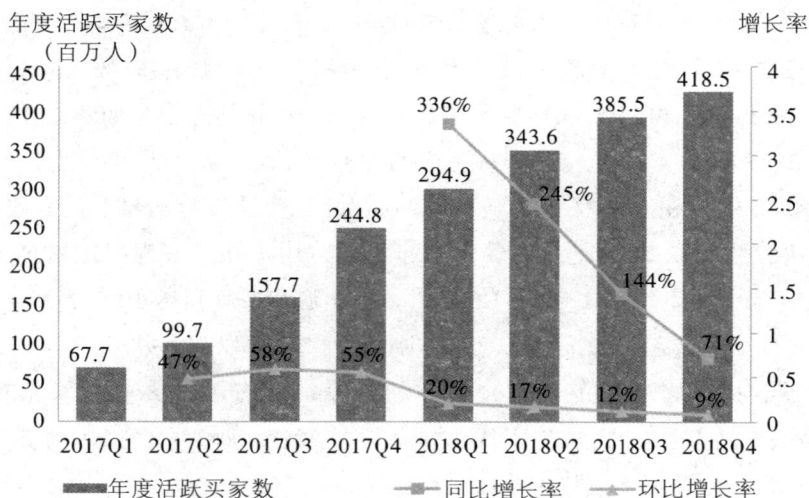

图 2-18 拼多多年度活跃买家数

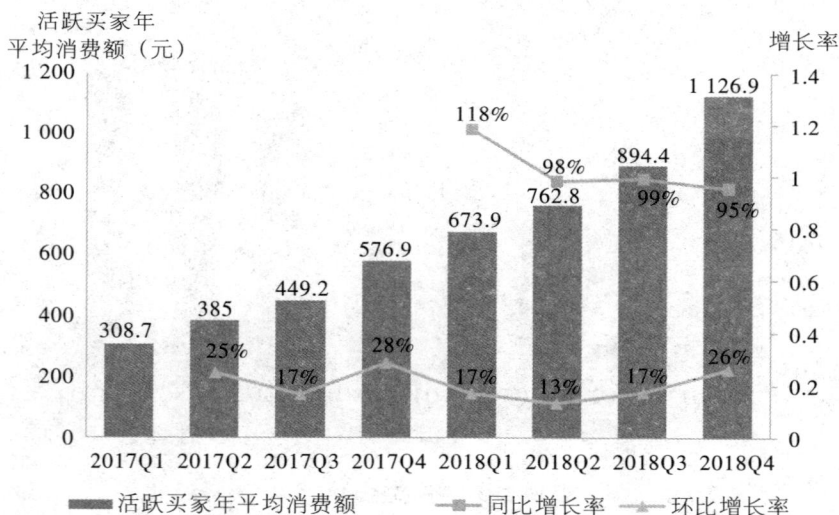

图 2-19 拼多多活跃买家年平均消费额

在电商平台关键指标中，货币化率和获客成本也是平台经营绩效的重要体现。货币化率是指 GMV 转化为收入的比率，衡量电商平台的变现能力，具体计算如公式（2-2）所示。从图 2-20 可以看到，拼多多季度和最近 12 个月（Trailing Twelve Months，TTM）货币化率稳定提升，2018 年基本保持在 2%～3% 的范围内，第四季度货币化率为 2.78%。

$$货币化率 = \frac{营业收入}{GMV} \qquad (2-2)$$

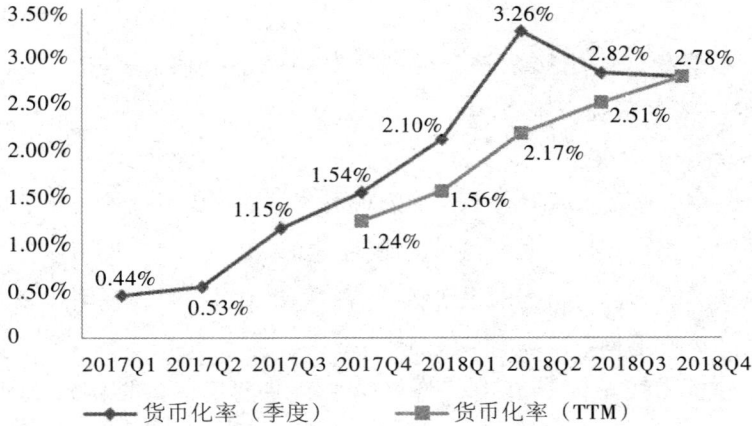

图 2-20　拼多多货币化率

　　获客成本表示每获得一位新的买家所产生的销售及市场费用，如公式（2-3）所示。不难发现，随着广告投入力度的不断加大和用户基数的暴涨，拼多多的获客成本也在急剧提高，从最初只需 2.78 元上升到现在的 182.54 元，如图 2-21 所示。

$$获客成本 = \frac{销售及市场费用}{新增活跃买家数} \qquad (2-3)$$

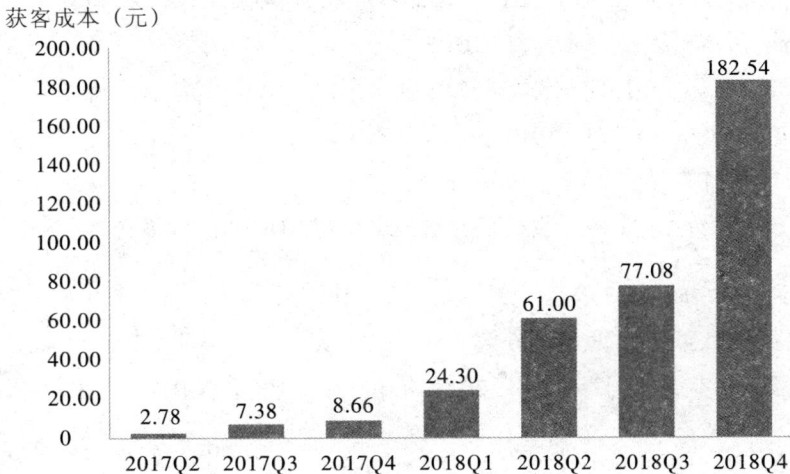

图 2-21　拼多多的获客成本

2.4　绝对估值法：剩余收益模型

本节我们应用剩余收益模型对拼多多进行估值。第一步，根据 CAPM，计算权益资本成本 r_E。计算公式如下：

$$r_E = r_f + \beta \times (r_M - r_f) \tag{2-4}$$

其中：r_f 为无风险利率；r_M 为市场收益率；β 衡量该公司承担的系统风险与整个市场的系统风险的比值。如果 β 大于 1，说明该公司承担的系统风险比整个市场的系统风险高；如果 β 小于 1，说明该公司承担的系统风险比整个市场的系统风险低。

在资本成本的计算中，将美国 3 个月到期的短期国库券年利率（3-Months Treasury Bill Rate）2.32% 作为无风险利率，市场收益率取 5 年标准普尔 500 指数平均收益率 6.68%。至于 β 的取值，参考纽约大学斯特恩商学院提供的美国上市公司行业 WACC 数据[①]，见表 2-5。拼多多属于在线零售行业，并且为成长型企业，取 β 系数为 1.42，计算得到权益资本成本为 8.51%。

第二步，获取每股盈余（EPS）和每股股利（BPS）的预测数据。2019—2021 年的拼多多 EPS 来源于 Wind 数据库证券分析师的盈利预测，并按照美元兑人民币 1∶6.7 的汇率折算成美元，见表 2-6 第三行数据。目前拼多多暂未分红，DPS 为 0。

第三步，由 EPS 预测值计算预测期内的 BPS。计算公式如下：

$$BPS_t = BPS_{t-1} + EPS_t - DPS_t \tag{2-5}$$

每期计算结果见表 2-6 第五行。

第四步，计算普通股股东权益收益率（ROCE）。计算公式如下：

$$ROCE_t = \frac{EPS_t}{BPS_{t-1}} \tag{2-6}$$

每期计算结果见表 2-6 第六行。

第五步，计算 2019—2021 年的剩余收益（RE）。计算公式如下：

----

① 数据来源于 http://www.stern.nyu.edu/~adamodar/New_Home_Page/data.html.

表 2-5 美国行业 WACC 数据

	Industry Name	Number of Firms	Beta	D/E Ratio	Effective T	Unlevered Beta	Cash/ Firm Value
74	Real Estate (Development)	18	1.19	69.45%	0.00%	0.79	9.82%
75	Real Estate (General/Diversif)	11	1.36	49.84%	7.10%	0.99	25.15%
76	Real Estate (Operations & Services)	59	1.35	65.34%	8.46%	0.90	5.19%
77	Recreation	72	0.98	36.32%	7.43%	0.77	4.96%
78	Reinsurance	2	0.97	29.87%	9.80%	0.79	10.14%
79	Restaurant/Dining	78	0.80	35.53%	8.96%	0.63	3.21%
80	Retail (Automotive)	24	1.15	71.91%	8.89%	0.75	1.46%
81	Retail (Building Supply)	17	1.12	22.84%	20.08%	0.95	1.35%
82	Retail (Distributors)	88	1.44	65.63%	8.15%	0.96	2.28%
83	Retail (General)	19	0.91	34.09%	10.85%	0.73	3.33%
84	Retail (Grocery and Food)	12	0.45	83.43%	3.01%	0.28	1.19%
85	Retail (Online)	79	1.42	12.00%	3.85%	1.30	3.37%
86	Retail (Special Lines)	91	1.07	51.62%	13.81%	0.77	3.54%
87	Rubber& Tires	4	0.42	119.65%	25.00%	0.22	7.70%
88	Semiconductor	72	1.34	14.14%	10.19%	1.21	4.44%

表 2-6 剩余收益模型 金额单位：美元

时 期	实际期	预测期 T1	预测期 T2	预测期 T3
年 度	2018	2019	2020	2021
EPS	−0.51	−0.58	0.61	1.34
DPS	—	—	—	—
BPS	0.62	0.04	0.65	1.99
ROCE		−0.94	16.84	2.06
RE		−0.64	0.61	1.28
折现因子		1.0851	1.1774	1.2776
RE 现值		−0.59	0.52	1.00
RE 总现值	0.94			
持续价值				17.24
持续价值现值	13.49			
每股价值	15.05			

注：美元兑人民币汇率取 1：6.7。

$$RE_t = (ROCE_t - r_E) \times BPS_{t-1} \tag{2-7}$$

每期计算结果见表 2-6 第七行。

第六步，将未来的剩余收益用折现因子折现，计算出 2019—2021 年 RE 现值并加总得到 2019—2021 年 RE 总现值。计算公式为：

$$RE现值_t = \frac{RE_t}{1 + 折现因子} \tag{2-8}$$

$$RE总现值 = RE现值_{2019} + RE现值_{2020} + RE现值_{2021} \tag{2-9}$$

计算结果为 0.94。

第七步，计算 2022 年及之后持续期剩余收益在 2021 年的价值。假设从 2021 年起，拼多多的剩余收益保持 1% 的持续稳定增长（g=1%），持续价值的计算公式为：

$$持续价值 = RE_{2021} \times \frac{1 + g}{r_E - g} \tag{2-10}$$

计算结果为 17.24。

第八步，将 2021 年得到的持续价值折现到 2018 年，结果为 13.49。

第九步，将 2018 年的 BPS、2019—2021 年的剩余收益现值、2022 年及以后的持续剩余收益的现值加总得到拼多多在 2018 年底的估值为 15.05 美元/股。

资本成本和剩余收益未来增长率是影响估值结果的重要因素，对此做进一步敏感性分析，见表 2-7。拼多多在 2018 年 12 月 31 日的收盘价为 22.69 美元/股，基本高于估值结果，灰色部分表示估值结果超过实际股价。当未来增长率达到足够高的水平（g≥4%）后，拼多多的估值也将随之上升，甚至超过市场预期。

表 2-7　　　　　　　　　　敏感性分析　　　　　　　　单位：美元/股

未来增长率 资本成本	g=0	g=1%	g=2%	g=3%	g=4%	g=5%
r+1%	11.73	13.04	14.70	16.88	19.84	24.12
r+0.5%	12.49	13.98	15.90	18.45	22.03	27.38
r=8.51%	13.35	15.03	17.28	20.31	24.69	31.57
r-0.5%	14.31	16.27	18.89	22.55	28.03	37.16
r-1%	15.41	17.69	20.79	25.28	32.32	44.98

2.5 相对估值法：基于 P/GMV 估值法

剩余收益模型实际上是绝对估值法的一种。传统的绝对估值方法还包括现金流折现模型、股利折现模型等。在这些方法中，我们需要对销售额、成本、资本支出或收益等方面的增长情况做出假设，建立在会计复杂性的基础上进行推算。然而，初创企业往往在刚成立的一段时间内无法创造正向的利润和现金流，在这种情况下基于盈利能力和增长能力的预测难以保证准确性，未来经营情况可能被过分高估或低估。相对估值法能够避免绝对估值法中收益、现金流等方面预测的不足，通过分析可比企业的相关指标和市场定价，估计目标企业的相对价值。相对估值法的一般步骤有：

（1）根据目标企业的业务特点和经营情况，选择同行业中相近的可比企业；

（2）确定适用于目标企业的估值指标；

（3）分析计算各可比企业的估值指标；

（4）根据各可比企业的估值指标水平和目标企业相应指标，计算目标企业的股票价值。

在相对估值法中，传统的估值指标通常有市盈率、市净率和市销率等。如今，拼多多依然处于发展初期，持续亏损并且每股收益为负值，故采用市盈率进行比较没有实际意义。并且，对于互联网企业来说，净资产与企业价值之间没有太大的关联，市净率模型也不适用。再者，市销率模型也无法体现拼多多用户扩张的巨大潜力。实际上，在大数据情境下，拼多多等互联网企业在商业模式、价值创造等方面具有较大的创新性和独特性，用户数、GMV 等非财务指标反映着企业经营绩效，是不可忽视的价值驱动因素。而传统的估值方法局限于财务数据或财务可比指标，不足以评判互联网企业的未来前景，所以需要结合非财务关键指标进行改进。结合电商企业的特点，我们采用市值除以平台交易总额的比率，即 P/GMV 指标，科学合理地计算拼多多的相对估值。

2018 年底，拼多多实现的 GMV 为 4 716 亿元，运用 P/GMV 法进行相对估值时，应选择与拼多多当前 GMV 水平接近的企业。电商行业的典型上市公司有阿里巴巴、京东、唯品会、聚美优品等。其中，唯品会以销售服装、化妆品为主，2018 年 GMV 为 1 310 亿元，聚美优品的 GMV 只有 46 亿元。可见，以唯品会和聚美优品为代表的这些"后起之秀"尚未达到拼多多的 GMV 水平，不适合做对标公司。而在行业龙头方面，阿里巴巴和京东于 2014 年上市，发展至今业务较为复杂，逐步转型为平台，已经不是单纯的电商企业。其中，阿里巴巴上市时便实现 16 780 亿元的 GMV，远远超过拼多多已有水平，但是其上市前市值和 GMV 数据未公开，无法根据拼多多现有的 GMV 水平进行对比。

京东 2015 年 GMV 达到 4 627 亿元，与拼多多 2018 年的 GMV 接近，因此选取 2015 年的京东作为对标公司最为合理，具有实质意义。截至 2015 年 12 月 31 日，京东总市值为 2 986.91 亿元，P/GMV 为 0.65，见表 2-8。对应地，拼多多估值为 454.38 亿美元，股价为 40.79 美元/股。但考虑到互联网行业正值热潮，资本市场对互联网企业的预期常常过高，2015 年刚上市一年多的京东可能存在估值偏高的问题。为了更合理地评价拼多多的相对价值，我们结合行业状况和拼多多自身特点下调 P/GMV 水平，将拼多多 P/GMV 范围进一步拓宽为 0.50～0.65，得到对应股价为 31.59～40.79 美元/股。

表 2-8　　　　　　　　　　P/GMV 估值法

	总市值 （亿元）	GMV （亿元）	P/GMV	对应估值 （亿美元）	对应股价 （美元/股）
京东	2 986.91	4 627.00	0.65	454.38	40.79

注：人民币兑美元汇率为 6.7∶1。

拼多多实际股价为 22.69 美元/股，与通过 P/GMV 方法得到的股价相比，市场存在低估现象。2018 年，拼多多实际市值为 252.77 亿美元，折合人民币 1 693.56 亿元，市值水平仍有一定的上涨空间。

在本章 2.4 节的讨论中，剩余收益法的结果是在 1% 的增长率下拼多多实际股价是 15 美元/股，市场存在高估现象。而运用相对估值法计算得到的拼多多股价为 31.59～40.79 美元/股，市场存在低估现象。两种方法得到的结果不尽相同，哪种估值结果更合理呢？在相对估值法中，当选取的对标公司的股价被高估时，估值结果也相应较高，相对价值的合理性难以得到保证；相反，剩余收益法能够揭示拼多多真实的内在价值。

2.6 三足鼎立，谁能争霸——对比阿里巴巴与京东

作为后起之秀，拼多多打破了固有的电商格局，动摇了阿里巴巴、京东两大巨头的行业地位。在激烈的电商竞争中，谁更胜一筹？怎样才能脱颖而出？拼多多能不能在未来再续"电商黑马"传奇？

我们选取了阿里巴巴和京东的电商业务进行对比，结合关键指标深入剖析拼多多与两大电商巨头相比的优劣势，提出拼多多内在价值增长途径。我们知道，时至今日，阿里巴巴、京东发展较为成熟，规模庞大，同时业务版图不断扩张，因此首先需要分析其收入结构与业务板块，从而准确地进行电商业务之间的比较。表 2-9 和图 2-22 显示了阿里巴巴 2018 财年[①]的收入结构。2018 财年，阿里巴巴实现了 2 502.66 亿元的总收入，营业收入由核心电商业务、云计算、数字文娱、创新项目及其他四大业务板块构成。其中，核心电商业务收入 2 140.20 亿元，具体可细分为国内零售、国内批发、国际业务、菜鸟业务等。其国内零售业务收入占总收入比例高达 71%，具体包括管理收入、佣金等，这部分收入能够与拼多多的在线营销服务收入对应。其国内批发、国际业务、菜鸟业务等收入占比 15%，非核心电商业务收入占比 14%。

表 2-9　　　　　**阿里巴巴 2018 财年各业务收入情况**　　　单位：百万元

项　　目	收　　入
核心电商业务	214 020
其中：国内零售（管理收入、佣金等）	176 559
国内批发、国际业务、菜鸟业务	37 461
云计算	13 390
数字文娱	19 564
创新项目及其他	3 292
合计	250 266

①　阿里巴巴财年与自然年不同步，从每年的 4 月 1 日起至第二年的 3 月 31 日结束。

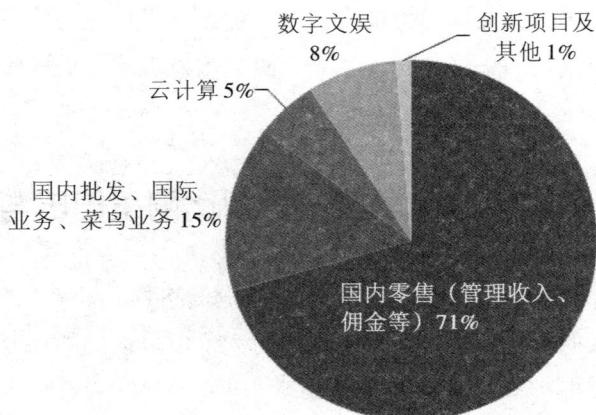

图 2-22 阿里巴巴 2018 财年收入结构

由表 2-10 和图 2-23 可知，京东的营业收入由自营商品销售收入和净服务收入两大部分构成。2018 年，京东的营业收入合计 4 620.20 亿元，其中自营商品销售收入占比 90%，净服务收入占比 10%。净服务收入是指京东的广告、佣金、物流等服务性收入，该部分与阿里巴巴的管理收入、佣金相近。为了合理有效地进行拼多多与同行之间的比较，本节在收入或业务相关指标方面将运用阿里巴巴核心电商业务中的国内零售业务数据，以及京东的净服务收入数据。另外，由于阿里巴巴财年与自然年不同步，本节进行对比分析前需统一口径，涉及 2018 年度的数据一致采用自然年进行划分。

表 2-10　　　　　　　　**2018 年京东营业收入情况**　　　　　　　单位：百万元

项　　目	收　　入
自营商品销售收入	416 108.75
净服务收入	45 911.01
合计	462 019.76

为了深刻理解电商业务的收入来源，我们选取了阿里巴巴的天猫业务这一典型代表，梳理了其收费方式，比较拼多多与天猫两者收费模式的异同。从表 2-11 可以看到，天猫的收入来源不局限于广告营销工具，而是通过多种手段拓宽渠道。我们知道，拼多多对商家入驻和发布商品是不收取佣金的，而天猫则向商家收取软件服务年费和交易佣金，

净服务收入
10%

自营商品销售收入
90%

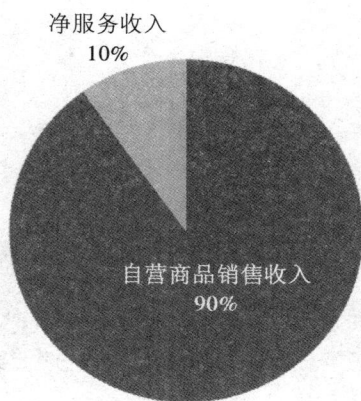

图 2-23　2018 年京东的收入结构

所收取的费用与商家销售额挂钩。至于广告收费方面，拼多多与天猫均
采用丰富的营销工具进行流量变现。另外，天猫超市特有的倒扣率也是
收入渠道之一。

表 2-11　　　　　　　　　　　　　**天猫的收费模式**

软件服务年费	分为 3 万元和 5 万元两档，按照销售额进行 50% 或 100% 返还
交易佣金	根据所属商品的不同类目，收取每笔 0.5%～5% 的交易佣金
倒扣率	天猫超市特有，10%～30% 的倒扣率
广告收费	包含直通车、展示广告、淘宝客、聚划算和其他营销工具费用

从用户指标来看，2018 年拼多多年度活跃买家数为 4.185 亿人（如
图 2-24 所示），赶超了京东的 3.05 亿人，但仍与阿里巴巴的 6.36 亿人
存在较大的差距。在用户增量方面，2018 年拼多多增加 1.74 亿人的活
跃买家数，增量最大，而阿里巴巴也保持 1.21 亿人的活跃买家数增长，
京东则最低，仅有 0.128 亿人的增量。值得一提的是，2018 年第三季度
京东活跃买家数从 3.138 亿人下降至 3.05 亿人，一度停滞不前，用户增
长面临瓶颈。

从平台销售总额来看，尽管拼多多的 GMV 正处于高速增长阶段，
但尚且处于行业低水平，严重落后于阿里巴巴和京东。如图 2-25 所
示，电商行业内业务规模相差悬殊，2018 年淘宝和天猫合计 GMV 在
5.5 万亿元以上，遥遥领先于同行企业，至少是拼多多 GMV 的 11 倍，
京东则实现了 1.68 万亿元的 GMV，与阿里巴巴所代表的行业最高水平

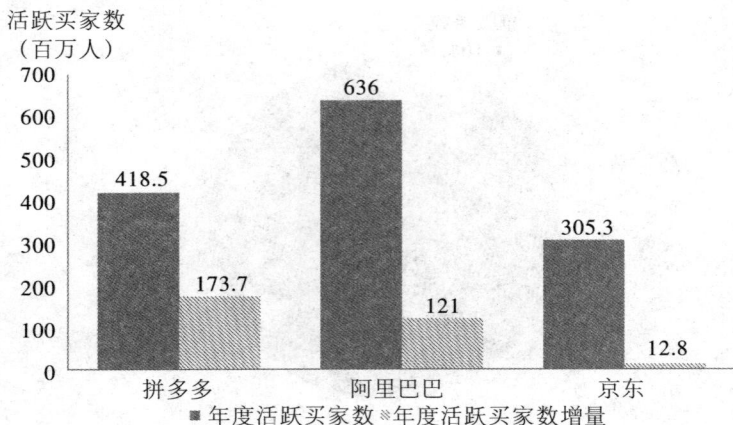

图 2-24　拼多多、阿里巴巴与京东 2018 年活跃买家数对比

有一定距离，但同样远超拼多多。进一步，我们基于活跃买家数计算并
考察 2018 年人均 GMV 情况，即活跃买家年平均消费额。由图 2-26 可
知，拼多多的人均 GMV 最低，相较阿里巴巴和京东存在很大的上升空
间。2018 年，平均每位淘宝或天猫用户年消费额大约为 8 600 元，无论
是 GMV 总额还是人均 GMV，阿里巴巴作为行业龙头始终占有压倒性优
势。京东的活跃买家年平均消费额为 5 492 元。对比之下，拼多多的人
均 GMV 仅有 1 127 元，用户消费水平只达到阿里巴巴的 1/8、京东的
1/5，显然远远低于同行企业，亟待提高用户消费潜力和促进消费升级。

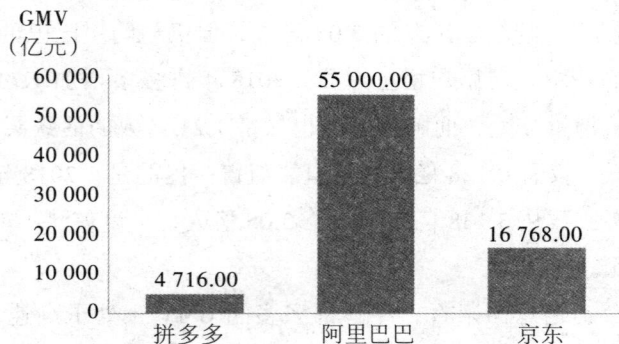

图 2-25　2018 年拼多多、阿里巴巴与京东 GMV 情况

注：阿里巴巴的 GMV 为估计数。

人均GMV
（元）

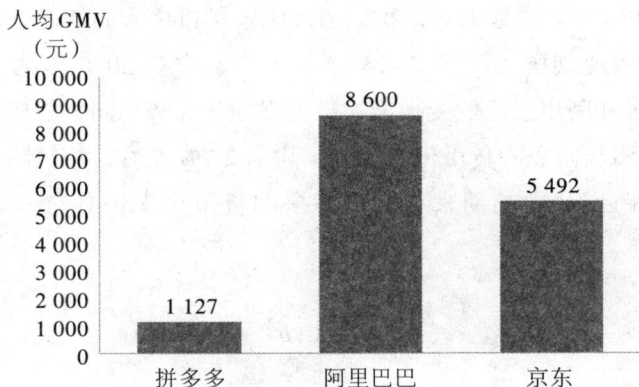

图 2-26　2018 年拼多多、阿里巴巴与京东人均 GMV
注：阿里巴巴的人均 GMV 为估计数。

　　实际上，拼多多的低客单价是制约人均 GMV 提高的核心因素。在此，客单价的计算方法是用平台交易总额除以成交订单数，表示平均一笔订单消费的多少，是影响销售额的重要因子。在图 2-27 中，阿里巴巴的客单价是根据 2018 年"双十一"的天猫数据估计得到的，客单价为 200 元以上。京东自 2017 年第三季度以后不再公布订单数，最后一次公布的订单数为 2017 年第二季度的 5.9 亿，从历史数据进行推算，结果高达 700 元以上，相当于阿里巴巴的 3 倍以上。显然，目前拼多多的低价战略存在较大的弱势，客单价最低，只有 42.5 元，从而限制了人均 GMV 的提升。

客单价（元）

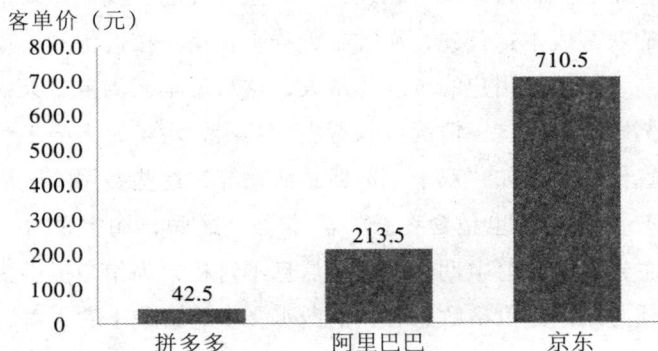

图 2-27　2018 年拼多多、阿里巴巴与京东客单价
注：阿里巴巴、京东的客单价均为估计数。

在分析 GMV 的基础上，我们通过比较货币化率的情况全面考察各电商平台的变现能力。图 2-28 显示了三家企业 2018 年的货币化率（TTM），可知阿里巴巴的变现能力最强，领先优势稳固，货币化率约为 4%。拼多多与京东的货币化率相近，均为 2.7% 左右，相较阿里巴巴尚且存在差距。从中长期来看，拼多多的货币化率仍具有一定的提升潜力。

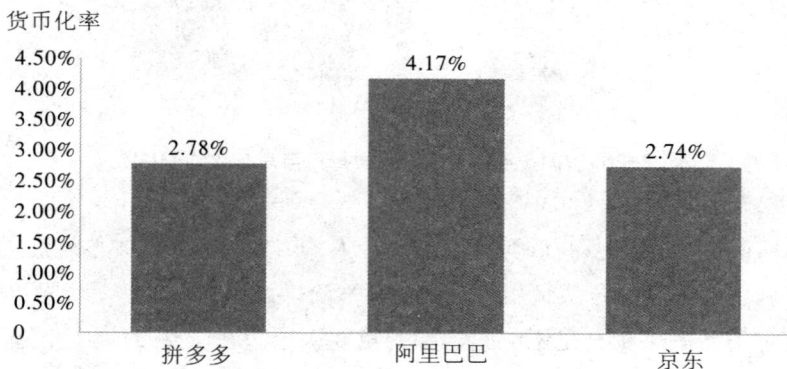

图 2-28　2018 年拼多多、阿里巴巴与京东的货币化率（TTM）情况

注：阿里巴巴的货币化率为估计数。

基于市场营销费用与新增活跃买家数，我们计算得到三家企业 2018 年的获客成本。2018 年，拼多多每获取一位新用户需投入 77 元的市场营销费用，显著低于同行，同期阿里巴巴的获客成本约为 300 元。获客成本差距之大，看似不可思议，实际是合理的，我们可以这样理解阿里巴巴的获客成本：首先，淘宝、天猫平台用户接近饱和，用户覆盖率已经很高，拓展新用户的难度非常大，这从近年来淘宝、天猫、支付宝的拉新奖励非常高这一情况可以看出。其次，淘宝、天猫平台每年投入大量的宣传广告，如"双十一"促销活动等，这些费用除了用于维持已有的用户活跃度，也包含在获客成本里。最后，淘宝平台（以 C2C 小商家为主）在发展前中期通过消除信息不对称，为用户提供更加廉价的商品，核心用户是价格敏感者、消费水平中等或偏下的人群，然而目前整个阿里巴巴的电商平台逐步吸引高端商品进驻，有意拓展高消费人群，因此超过 300 元的获客成本也是合理的。

由于活跃买家数增长缓慢甚至一度下滑，京东平均新增活跃买家成本过高，约为 1 500 元，如图 2-29 所示。总体来说，作为成熟期企业，阿里巴巴、京东用户规模趋于饱和，新用户减少，主要靠客户黏性支撑，战略目标侧重于巩固市场份额。相比之下，拼多多还在成长期，用户增长空间和市场机会较大，并且微信的助力赋予其低成本获客的优势。然而，结合自身发展路径以及同行发展趋势来看，拼多多获取流量的难度将继续加大，如何克服获客成本日益上涨的问题将成为一大挑战。

获客成本（元）

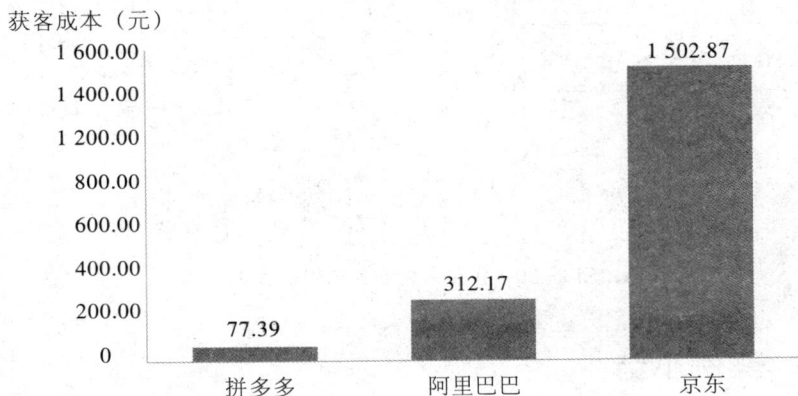

图 2-29　2018 年拼多多、阿里巴巴与京东的获客成本（TTM）情况

总体而言，电商企业内在价值的提升取决于用户数、GMV、货币化率等各项关键指标。围绕各项指标，我们针对拼多多构建其内在价值增长体系（如图 2-30 所示）。首先，对拼多多而言，内在价值增长的核心在于实现利润的快速增长，尤其是拼多多尚未创造正向的净利润。而实现净利润增长的主要途径分为两个：一是提升营业收入；二是控制成本费用。具体而言，提升营业收入的重点在于 GMV 的增长以及货币化率的提高。而 GMV 增长的驱动因素主要包括 MAU、活跃买家数等用户指标，以及人均 GMV 和客单价。通过扩大用户规模并提高用户消费额，拼多多能够创造更高水平的 GMV。除此之外，拼多多还可在提高广告货币化率和佣金率等方面发力，从而有效提高变现能力。同时，在拓展业务规模的过程中，拼多多还需时刻关注对成本费用的控制。随着其发展壮大，拼多多将面临获客成本上涨、营销效率低下的问题，未来

仍需降低成本费用，以获取更高的利润。

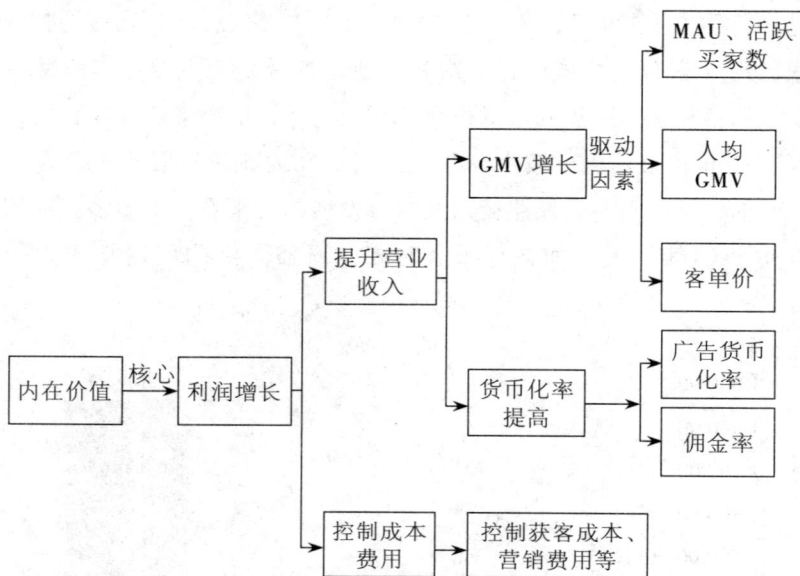

图 2-30 拼多多内在价值增长体系

2.7 案例小结

作为新电商开创者，拼多多率先实现社交与电商的完美融合，凭借独特的商业模式迅速崛起，成为国内第三大电商平台，撼动固有的行业格局。拼多多瞄准"价格敏感型"消费群体，基于微信打造"社交流量+低价拼购"模式，通过社交传播的路径实现流量裂变，同时专注于提供低价爆款商品，缩短供应链，促成用户满意、平台流量聚集、商家畅销的三赢。从经营业绩来看，拼多多正处于高速增长的发展阶段，营业收入、毛利润持续攀升，同时，GMV、用户数量呈现出爆发式增长，买家规模迅猛扩大，用户消费水平也逐步提高。然而，拼多多的净利润仍然亏损，短期内无法盈利，其主要原因是高额的市场营销费用和急剧上涨的获客成本。

为了评估拼多多当下的企业价值，我们首先利用剩余收益模型进行估值，发现拼多多的内在价值基本低于股价。但我们基于 P/GMV 估值法估计拼多多的相对价值时，又发现市场对拼多多存在低估现象。两者相比，哪个更可靠，就要通过拼多多未来的股价变化来验证了。

通过与阿里巴巴、京东两大电商巨头对比，我们探讨了拼多多电商业务在行业中的优劣势，并提出其内在价值增长体系。未来，拼多多还需在提高客单价、提高货币化率以及控制营销费用等方面持续改进。

第3章　中国社交媒体的弄潮儿

——微博成长记

3.1　月活跃用户超 4 亿的社交平台领头羊——微博概况

在如今的生活中，新浪公司旗下的微博成了许多中国民众尤其是年轻人必不可少的东西。微博是一个"内容+社交"的平台，它通过 PC、手机、平板电脑等终端将用户连接在一起，并通过文字、图片、视频等信息载体实现内容的即时分享与互动，并建立和谐、健康、多元的社交关系。2009 年 8 月 14 日，新浪推出"新浪微博"内测版，微博在多方关注中呱呱落地。2014 年 3 月 27 日，新浪微博完成更名，"新浪微博"成为过去式，"微博"扬帆远航。2014 年 4 月 17 日，微博在美国纳斯达克证券交易所成功上市。

十年沉浮，幼小的微博逐渐成长，成为中国内容社交平台的领头羊。据微博公布的 2018 年财报数据，截至 2018 年末，微博月活跃用户达 4.62 亿人，其中，移动端月活跃用户约为 4.30 亿人，占比 93%。相比之下，2018 年末，Twitter 的月活跃用户仅为 3.21 亿人。根据艾瑞咨询公布的《2019 年 3 月移动 App 指数榜单》，微博的月独立设备数为 55 876 万台，在"社交网络"分类中排名第一，并遥遥领先于其他社交平台，见表 3-1。即使将移动通信软件纳入比较对象，微博的表现仍可圈可点。根据 App Annie 发布的《2019 年移动市场报告》，截至 2018 年末，微博成为我国第五大热门的社交与通信 App，仅次于微信、QQ、抖音和快手，见表 3-2。

表 3-1　　　　　　　2019 年 3 月移动 App 指数榜单节选

排　　名	社交平台	月独立设备数（万台）
1	微博	55 876
2	百度贴吧	7 685
3	小红书	5 080
4	知乎	4 497
5	探探	3 984
6	QQ空间	3 271

资料来源　艾瑞咨询.

表 3-2　　　　　　　2018 年中国热门社交与通信 App

（按每用户月平均使用次数排名）

排　　名	社交平台
1	微信
2	QQ
3	抖音
4	快手
5	微博

资料来源　App Annie.

员工方面，截至 2018 年末，微博共有员工 4 350 人，主要于北京、上海、天津、成都、广州、杭州等城市工作。其中，产品开发员工人数为 2 374 人，占比 54.57%，是微博员工的主要组成部分，见表 3-3。

表 3-3　　　　　　　2018 年末微博按职能划分的员工人数

员工职能	员工人数	占　比
产品开发	2 374	54.57%
客户服务和市场营销	1 175	27.01%
运营	711	16.34%
行政及人力资源	90	2.07%
合计	4 350	100%

资料来源　微博 2018 年年报.

打开微博移动端 App 时，我们能看到进入界面的一句话："随时随地发现新鲜事。"这句话很好地概括了微博独特的定位——内容的即刻分享。微博是一个"内容+社交"平台。相比微信、QQ 等移动社交软件，微博有更强的内容属性，用户可以在微博方便地浏览任何自己感兴趣的合法合规的内容；相比于凤凰网、人民网等传统的内容媒体，微博有着很强的社交性，用户能通过点赞、评论、转发、私信、创建话题、发布提问、微群等多种方式进行内容的交互、分享。正是由于这种多元化内容与即刻分享的结合，微博获得了大众的喜爱，打下了坚实的用户基础。

十年沉浮，微博历经风风雨雨，成长为如今月活跃用户超 4 亿人的社交平台领头羊。微博始终专注于内容社交领域，坚持产品升级创新与品牌合作，在内容上从单调的文字逐步发展为集文字、图片、短视频、直播等于一体的多元化内容；在社交上实现了转发、评论、点赞、创建话题、微群等功能，充分满足了用户广泛的需求。展望未来，微博将继续丰富社交场景，打造内容生态系统，真正实现人人"随时随地发现新鲜事"。

3.2 微博的对手在何方：微博的发展历程

3.2.1 微博的崛起

最初，微博被新浪定位为"轻博客"，简练、随性、易交互，而内容不超过 140 字成为微博独一无二的特性。这种定位无疑是成功的。"轻博客"定位本质上明确了微博"社交媒体"的发展方向，避开微信、QQ 等"社交网络"的道路。同时，微博确立了"名人战略"，通过引进公众人物作为微博的"种子用户"，增强舆论话题度，丰富内容质量，吸引了一大批黏性用户。自 2009 年以来，李开复、任志强、薛蛮子、韩寒等大批公众人物成为微博的"元老级大 V"，他们拥有上千万粉丝，发布的每一条微博都能吸引大量用户关注，并获得上万转发、评论与点赞。普通用户热衷于关注大 V，拥有分享内容的热情，微博初步建立了自己的核心竞争力。2011 年末，微博的月活跃用户数为 7 290 万人，仅仅过了不到两年，2013 年 3 月，微博的月活跃用户数已突破 1 亿人。

2012 年，微博正式确定了高层架构，明确了发展战略。2012 年 9 月，现任新浪董事长、CEO 曹国伟上任，并兼任微博董事长。2012 年底，新浪在北京香山召开会议，提出由原本负责新浪移动端的王高飞担任微博 CEO。微博的核心领导集团就此成立。与此同时，微博引进了一批技术、商业、运营人才，打造了一支富有创造力与竞争力的队伍。会议同时提出了新浪新一期战略规划：一是"发展移动端"，将 PC 端与移动端进行资源整合，提高资源利用效率，专注于移动端的开发；二是"泛娱乐化"，新浪的整体内容由时政社会逐渐转向泛娱乐化，通过娱乐性内容吸引更多的用户。作为当时新浪旗下产品，微博自然也采用以上战略规划。

为了维持资金链，微博拟通过出售部分股份以获得资金支持。考虑到微博的未来发展，在百度和阿里巴巴之间，微博选择了后者。2013 年 4 月 29 日，阿里巴巴和微博达成战略合作协议，阿里巴巴以 5.86 亿美元购入新浪微博公司股份，占微博稀释摊薄后总股份的 18%。阿里巴巴正式成为微博的第二大股东。阿里巴巴给微博提供了非常多的变现机会，这可以从微博的营业收入中体现：2013 年，阿里巴巴给微博带来 4 913 万美元的广告与营销收入；2018 年，这一数字提高至 1.18 亿美元。

在明确了高层架构与战略规划、成功加入阿里系后，微博的发展势如破竹。通过内容的丰富和社交方式的创新，微博不断扩大用户规模，在行业中逐渐占据龙头地位。2014 年，"新浪微博"正式更名"微博"，这种垄断式的更名宣告了以腾讯微博为首的一众微博类产品出局。2014年 4 月 17 日，创立仅不到 5 年的微博在美国纳斯达克交易所成功上市。微博的成功让其成为社会关注的焦点，也为彼时的中国互联网产业注入了活力与期待。

3.2.2　克服危机

微博为公众提供了一个话语平台，逐渐成为公众的"公共议事厅"。许多在以前不可能被众人知晓的事件在微博上能引发用户广泛且迅速的关注。微博的"名人战略"使得名人大 V 的观点在社会上被广泛传播与讨论。这原本是一件好事。但随着微博在社会上的影响力越来越大，一些敏感问题和不良观点也在微博上酝酿、蔓延与议论，这引来监管部门的关注。

适当的内容管控有助于微博树立一套内容监管标准，把控平台中的内容质量；从社会层面看，内容管控能规范社会舆论、营造良好的社会风气。但内容管控同时也扼杀了部分富有创造力、顺应时代发展潮流的内容。此外，监管的加强也让用户和大 V"不敢说、害怕说"，这种无形的束缚时时刻刻影响着用户体验和内容质量。自 2015 年以来，许多种子用户流出，名人大 V 纷纷离场，微博的热度逐渐下降。根据中国互联网络信息中心发布的《中国互联网络发展状况统计报告》，微博的网民使用率由 2013 年的 54.7% 降至 2015 年的 33.5%。

面对这场危机，微博采取了两项措施。首先，微博在 2014 年 7 月提出"细分垂直领域战略"，在内容上细分出电影、音乐、电商、电子设施、医疗、美妆、游戏等垂直领域，极大地丰富了平台内容。其次，微博提出"增长战略"，与小米、OPPO、vivo、魅族等国产手机品牌展开战略合作，将微博移动 App 作为预装软件安装至上述品牌的新机中。2014—2015 年，这些手机品牌主打我国三、四线城市市场，微博借此东风，获得了大量三、四线城市新用户。以上两项措施从内容和用户两个方面帮助微博渡过了危机，微博自 2016 年开始进入稳定发展的阶段。

3.2.3 拥抱直播短视频时代

2016 年，微博与一下科技达成战略合作，正式上线一直播和秒拍，这标志着微博正式开展直播和短视频业务。直播和短视频业务极大地增强了微博的变现能力。2016 年，微博的广告和营销收入为 5.71 亿美元，构成了微博营业收入的主要部分。微博 CEO 王高飞认为："我们相信，完成直播业务与微博的融合，将更利于微博内容生态的完善，提升微博对平台生产者的服务能力，也更有助于提升微博平台商业化效率和变现能力。"

仅仅做到拥有直播和短视频业务是不够的，要想在社交媒体领域维持竞争力，微博还需做得更好。2018 年，我国直播和短视频市场兴起。据 QuestMobile 统计，2018 年 3 月，我国在线游戏、即时通信、在线视频等互联网行业的总使用时长占比，较上年同期出现不同幅度的下滑，而短视频与直播行业却逆势而上，其总使用时长占比为 7.4%，大大超过了 2017 年同期的 1.5%。各大互联网巨头在短视频与直播市场展开了激烈的竞争——字节跳动爆红、腾讯重启微视、哔哩哔哩上市、斗鱼虎牙双雄争霸，就连京东、小红书、淘宝等电商也开始推出红人直播等视频业务。微博自 2012 年以来一直以优质内容用户为核心竞争力，其优势是大 V 效应和热点制造能力，但在直播和短视频内容方面竞争力不足。为了弥补自身在直播和短视频领域的竞争劣势，微博在 2018 年及时调整工作重心，全力进入直播和短视频市场，希望在未来培育出直播和短视频领域的可持续性核心竞争力。王高飞表示："我们在视频市场的核心是热点和明星视频的明显优势。但是，我们在纯粹的视频内容消费上，相对于其他短视频平台是处于劣势的。通过新推出的视频社区，我们希望更加推动垂直领域的大 V，把他们的内容视频化，这样的话，会帮助我们获取更加清晰的定位。"

首先，微博与多频道网络（Multi-Channel Network，MCN）机构展开大量合作，通过 MCN 机构的直播与短视频渠道大力发展网红经济。MCN 机构通过这种网络将自己生产的内容输出，获得盈利。截至 2018 年末，微博已经与超过 2 700 家 MCN 机构展开内容生产方面的合作，其中包括大禹网络、蜂群文化、Papitube、洋葱视频等，它们为微博带来了诸如大司马、办公室小野、papi 酱、大胃王密子君等一批直播和短视频的超级网红。在网红经济下，大 V、明星和网红们持续产出内容，是微博发展的原动力；广告位的大量销售，成为微博主要的营业收入来源。2017 年，微博的广告和营销收入为 9.97 亿美元，增长率达到了 74.55%；2018 年其广告和营销收入为 14.99 亿美元，增长率为 49.43%，占微博营业总收入的 87.22%。

其次，微博通过举办新活动、上线新产品、战略合作等方式提升自身直播和短视频业务的核心竞争力。2018 年 4 月，微博正式推出"红人招募计划"，为优质"微博故事"短视频创作者提供价值 5 亿元的资源扶持；5 月初，微博上线短视频产品"爱动小视频"，致力于打造原创短视频分享社区；9 月 26 日，微博宣布与虎牙直播合作，标志着微博将直播内容生态扩展至游戏直播；10 月 13 日，一直播业务正式并入微博；11 月，微博宣布与斗鱼直播合作，探索社交化直播新模式，并与酷燃视频达成战略合作，秒拍退出微博。

王高飞在 2018 年底表示："2019 年将加大与厂商、电视台等合作，尤其内容层面分发合作；继续优化双信息流的投入和信息流定位与协同效应，特别是认证微博、搜索和话题产品；聚焦头部用户内容视频化和栏目充分扩充，帮助展现人的特性和粉丝互动。"

回顾微博的十年发展历程，许多人或许会有一个疑问：不像美团和大众点评、斗鱼和虎牙、淘宝和京东等互联网企业，微博自 2014 年突围以来，在国内一直找不到一个与之竞争的对手，由于国家安全原因，微博与 Twitter、Facebook 之间也难以形成直接竞争，那么，微博的对手到底是谁？我们认为，微博需要战胜的不是某一家公司，而是"不断演变的内容呈现方式"。不论是微博成立时提出的"名人战略",还是2016年兴起的直播和短视频业务,从根本上说,这些事件都伴随着内容呈现方式的改变。根据微博2018年12月V影响力峰会披露的数据,微博目前已成为全媒体化社交平台,为用户提供多种内容表达方式。2018年,微博日均文字发布量为1.3亿字,日均视频与直播发布量超过150万次,日均回答问题数超过5万条,日均图片发布量超过1.2亿张,日均长文发布量超过48万篇。随着科技的发展和用户需求日新月异的变化,微博要想维持自身社交平台领头羊的地位,必须紧跟时代步伐,牢牢把握最新潮的内容呈现方式。而眼下,如何在直播和短视频领域打出一番天地,是微博最需要关注的事情。

3.3 微博的业务特点

3.3.1 "鸡生蛋、蛋生鸡"的变现模式:用户和内容催生盈利

2019年3月5日,微博公布了截至2018年12月31日的第四季度及全年财务报告。微博2018年全年净营业收入为17.19亿美元,而2017年的净营业收入为11.5亿美元,增长约49.48%;全年归属于微博的净利润为5.718亿美元,较上年度增长62%;而运用非美国通用会计准则计算的归属于微博的净利润为6.242亿美元,较上年度增长54%。

微博的营业收入分为广告和营销收入、增值服务收入两部分,其中广告和营销收入是主要部分,由关键客户(KA)、中小企业(SMEs)和阿里巴巴三个方面组成。2018年微博的广告和营销收入为14.99亿美元,占营业收入的比重为87.2%,较2017年的9.97亿美元增长53.35%。其中,来自关键客户和中小企业的广告和营销收入为13.82亿美元,较2017年的9.12亿美元增长51.54%;来自阿里巴巴的广告和营销收入为1.18亿美元,较2017年的0.85亿美元增长38.82%。广告和营销收入体现了微博的平台变现能力。基于移动端用户规模日益扩大的趋势,微博在未来会进一步发展移动流量,将重心放在移动端广告定制

和移动端营销解决方案上。

增值服务收入由会员费、一直播、游戏相关服务与其他业务收入组成，体现了微博内容的价值。2018 年微博的增值服务收入为 2.19 亿美元，同比增长 43.14%。其中，会员费收入为 0.98 亿美元，比 2017 年增加 0.32 亿美元，为增值服务收入的主要驱动因素；2018 年 10 月 13 日，一直播业务正式并入微博，为微博带来了 0.28 亿美元的收入，见表 3-4。

表 3-4　　　　　　2018 年微博的营业收入情况　　　　单位：亿美元、%

项　目	2016年末	2017年末	2018年末	2016—2017年增速	2017—2018年增速
营业收入	6.56	11.50	17.19	75.30	49.48
广告和营销收入	5.71	9.97	14.99	74.61	50.35
关键客户	2.05	3.80	6.74	85.37	77.37
中小企业	3.08	5.32	7.08	72.73	32.08
阿里巴巴	0.58	0.85	1.18	46.55	38.82
增值服务收入	0.85	1.53	2.19	80.78	43.14
会员费	0.33	0.66	0.98	100.00	48.48
一直播	—	—	0.28	—	—
游戏相关服务	0.31	0.28	0.27	-9.68	-3.57
其他	0.21	0.60	0.66	185.71	10.00

资料来源　微博 2016、2017 和 2018 年财务报告。

从本质上说，微博的变现模式是一个"鸡生蛋、蛋生鸡"的过程。微博希望用户能在平台上自发地创造丰富多元的优质内容，并自发地进行传播和分享，优质的内容又能吸引新用户并增强用户黏性。用户规模的增长不仅能贡献增值服务收入，更能提升微博平台的广告价值，为微博带来大额的广告和营销收入。这种"鸡生蛋、蛋生鸡"的变现模式，源自微博成立时提出的"名人战略"。王高飞表示，在社交广告市场及品牌方面，微博的压力"来自能否获得更多广告客户，包括让客户接受微博目前这种社交传播的营销模式"。

电商是微博最主要的变现方式。阿里巴巴作为微博的第二大股东，为微博的电商流量变现提供支持。微博近年来扶持了一批"红人电商"，为其提供内容导购、交易数据分析等服务，并获取利润，而红人电商依靠微博带来的流量可以获得大量的客户。2018年"双十一"期间，微博有6家红人电商交易额破亿，比2017年增加2家。其中红人店 ASM ANNA 的排名甚至超过了韩都衣舍等知名品牌店。未来，微博将培育用户在微博红人电商消费的习惯，扩大红人电商的行业覆盖面，进一步增强变现能力。

3.3.2　用户规模日益壮大

微博拥有庞大的用户规模。截至 2018 年末，微博月活跃用户达4.62亿人，连续3年保持同比7 000万人及以上的净增长，其中93%为移动端用户。海量的用户使微博成为我国社交媒体投放渠道无可争议的龙头，在广告流量投放方面具有无可比拟的竞争优势。

我们选择 Facebook、陌陌、Twitter、QQ、微信五个社交通信软件与微博进行比较。Facebook 目前是全球最大的社交平台，2018年末其月活跃用户达到了惊人的23.20亿人，比微博高出了4倍多。Twitter 是"微型博客"这一商业模式的鼻祖，2018年末 Twitter 的月活跃用户为3.21亿人，略低于微博的4.62亿人。陌陌是中国第三大移动社交网站，2018年末其月活跃用户为1.13亿人，低于微博的用户数。以上对比体现了微博的用户规模与参与度在行业内具有一定的竞争力，这为微博带来了可观的盈利。

QQ 和微信是目前中国最具有影响力的两款移动通信软件，二者的月活跃用户数是我国所有互联网软件和平台中最高的。截至 2018 年末，QQ 的月活跃用户为8.07亿人，微信的月活跃用户为10.98亿人，均已超过了中国人口总量的50%，见表3-5和图3-1。作为一款内容、社交两手抓的平台，微博的社交性不如 QQ 和微信是显然的，但拥有4.62亿人的月活跃用户的微博，表现也已经非常不俗。

表 3-5　　　　　2014—2018 年末微博等社交通信软件的
月活跃用户情况　　　　　单位：亿人

	2014 年末	2015 年末	2016 年末	2017 年末	2018 年末
Facebook	13.90	15.90	18.60	21.30	23.20
微博	1.76	2.36	3.13	3.92	4.62
陌陌	0.69	0.70	0.81	0.99	1.13
Twitter	2.92	3.20	3.19	3.30	3.21
QQ	8.15	8.53	8.69	7.83	8.07
微信	5.00	6.97	8.89	9.89	10.98

资料来源　Wind 资讯.

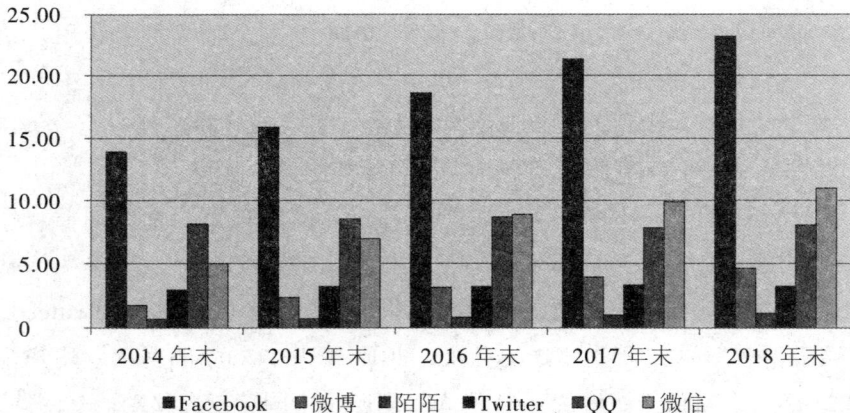

图 3-1　2014—2018 年末微博等社交通信软件的月活跃用户情况

资料来源　根据 Wind 数据整理。

　　在用户质量方面，微博的高净值用户数量持续增加。根据微博 2018 年 V 影响力峰会披露的数据，截至 2018 年 11 月，粉丝数大于 2 万人或月阅读量大于 10 万次的"微博头部用户"数为 70 万人，同比增长 37%。其中，粉丝数大于 50 万人或月阅读量大于 1 000 万次的"微博大 V"用户数为 4.73 万人，同比增长 60%。在内容贡献方面，微博大 V 用户平均每月可以贡献 650 万条原创微博和 195 万条原创视频，同比增幅均超过了 80%。在用户活跃程度方面，微博用户的参与程度较高。微博 2018 年年报披露，用户总互动数为 10 亿人，参与话题讨论的用户达到 1 亿人，短视频播放量达到 170 亿次。

未来，微博将聚焦提高用户参与度和留存率。微博将深化与各类内容创作者的合作，致力于提高新增用户数量、用户留存率和用户活跃度。同时，微博将致力于通过广告、电子商务、订阅、小费等方式为内容创造者提供在微博上获利的机会，并重点提高广告投资转化率。2018年 6 月，微博联合阿里巴巴推出"U 微计划"，通过打通双方优势数据，打造社交和消费的全域解决方案。

3.3.3 内容垂直领域不断丰富

自 2014 年 7 月提出细分垂直领域战略以来，微博不断丰富自身内容，细化了多种内容垂直领域。根据微博 2018 年年报披露的数据，截至 2018 年末，微博已拥有 60 个垂直领域，2018 年新增母婴、旅游、汽车等 9 大领域。这 60 个垂直领域中，已有 32 个领域的月阅读量大于100 亿次。其中，娱乐、搞笑领域是微博阅读量最高的领域；数码、政府、财经、母婴、美食等领域不断扩张。丰富多元的内容是微博用户规模不断增长的原动力，为微博变现打下了坚实的基础。微博副总裁曹增辉表示："2019 年微博垂直领域预计将扩大到 70 多个。"

为了拥抱直播和短视频时代，微博近年来开始与 MCN 机构展开大量合作，大力发展网红经济。截至 2018 年末，微博已经与超过 2 700家 MCN 机构展开合作，为微博带来超过 57 000 个优质内容生产账号。大规模的 MCN 机构保障了微博持续输出多元化内容的能力，增强了用户黏性，为微博的变现与盈利提供了最根本的保障。

此外，微博已成为我国信息与舆论的聚合地。通过微博，一些原本难以聚焦群众目光的社会道德事件能为更多人所知晓，并引起全国性的讨论，甚至能引起政府部门和司法部门的关注。当出现全国性重大事件（如自然灾害、重大事故）时，微博成为我国最出色的信息聚合与传播平台——事件知情者能第一时间在微博上发布事件的一手信息，没有中间媒介，极大缩短了新闻的传播时间；用户在了解事件的最新进展与动态后也会自发地在微信、QQ 等社交平台进行信息传播，达到舆论覆盖的效果。当然，微博的信息聚合属性也导致了谣言的传播与发酵，某些舆论力量也会给社会带来一定的负面影响。为此，微博自 2016 年起出台了一系列规定以遏制负面信息的产生与传播。总之，微博的"内容+社交"属性使微博在新闻领域产生了极强的竞争力。

3.4 剩余收益模型估值

我们使用剩余收益模型对微博进行估值。第一步，我们使用 CAPM 模型计算资本成本 r_E：

$$r_E = r_f + \beta \times (r_M - r_f) \tag{3-1}$$

其中：r_f 为无风险利率；$r_M - r_f$ 为风险溢价；β 系数衡量该公司承担的系统风险与整个市场的系统风险的比值。

β 系数通过 Wind 数据库计算得到，为 1.3542（以周为计算周期，时间范围选取 2014 年 4 月 17 日至 2019 年 5 月 7 日，收益率计算方法为对数收益率，不剔除财务杠杆）。无风险利率 r_f 取近 5 年来美国 10 年期国债平均利率 2.35%，风险溢价 $r_M - r_f$ 使用了达摩达兰在其个人网页 Damodaran Online（http://pages.stern.nyu.edu/~adamodar）中公布的美国标普 500 指数的月度风险溢价，取 2014 年 4 月至 2019 年 4 月的月度风险溢价均值 6.01% 作为风险溢价参数，如图 3-2 所示。

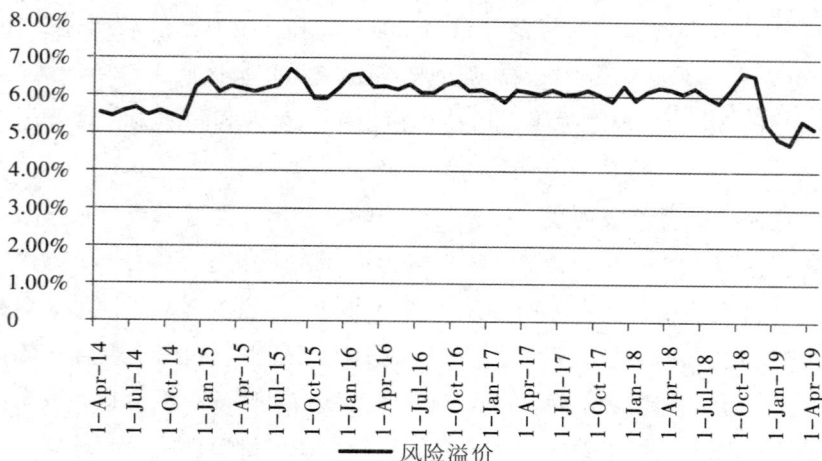

图 3-2　2014 年 4 月—2019 年 5 月的月度风险溢价

用以上数据计算得到权益资本成本为 10.49%，见表 3-6。

表 3-6 微博资本成本的计算指标

资本成本	10.49%
β 系数	1.3542
$r_M - r_f$	6.01%
r_f	2.35%

资料来源 Wind 资讯以及 http: //pages.stern.nyu.edu/~adamodar.

第二步，我们从微博的年报得到 2017 年和 2018 年的每股盈余（Earnings Per Share，EPS），从 Wind 数据库获得证券机构对微博 2019—2021 年 EPS 的一致预测值。微博自上市以来未发放股利，因此每股分红（Dividends Per Share，DPS）取 0。根据 EPS、DPS 和前一年的每股账面价值（Bookvalue Per Share，BPS），就可以推算出每一年的 BPS，见表 3-7。推算公式如下：

$$BPS_t = BPS_{t-1} + EPS_{t-1} - DPS_t \tag{3-2}$$

表 3-7 微博剩余收益模型估值 金额单位：美元

年份	2017	2018	2019E	2020E	2021E
EPS	1.56	2.52	2.92	3.62	4.19
DPS	0	0	0	0	0
BPS	5.35	7.84	10.76	14.38	18.57
ROCE			37.24%	33.69%	29.10%
RE			2.10	2.50	2.68
折现因子			1.1048	1.2207	1.3487
RE现值			1.90	2.05	1.99
RE总现值		5.93			
持续价值					36.85
持续价值现值		27.32			
每股价值		41.09			

第三步，计算普通股股东权益收益率（Return on Common Equity，ROCE）。计算公式如下：

$$ROCE_t = \frac{EPS_t}{BPS_{t-1}} \tag{3-3}$$

每期计算结果见表 3-7 第五行。

第四步，计算 2019—2021 年的剩余收益（Residual Earnings，RE）。计算公式如下：

$$RE_t = (ROCE_t - r_E) \times BPS_{t-1} \tag{3-4}$$

每期计算结果见表 3-7 第六行。

第五步，将未来的剩余收益用折现因子折现，计算出 2019—2021 年 RE 现值，并加总得到 2019—2021 年折现到 2018 年的 RE 总现值。计算公式为：

$$RE现值_t = \frac{RE_t}{折现因子} \tag{3-5}$$

$$RE总现值 = RE现值_{2019} + RE现值_{2010} + RE现值_{2021} \tag{3-6}$$

计算结果为 5.93。

第六步，计算 2022 年及之后持续期剩余收益在 2021 年的价值。互联网公司通常有较大的发展潜力，而微博着力于发展小视频与直播业务，未来发展前景较好，因此假设从 2021 年起，微博的剩余收益保持 3% 的速度持续稳定增长（g=3%），持续价值的计算公式为：

$$持续价值 = RE_{2020} \times \frac{1+g}{r_E - g} \tag{3-7}$$

计算结果为 36.85。

第七步，将 2021 年得到的持续价值折现到 2018 年，结果为 27.32。

第八步，将 2018 年的 BPS、2019—2021 年的剩余收益现值、2022 年及之后持续期剩余收益的现值加总，得到微博在 2018 年的估值为 41.09 美元/股。2019 年 6 月 14 日，微博收盘价为 41.41 美元/股，因此在剩余收益模型的视角下，微博的实际股价与预测股价基本一致。

我们对上述结果进行敏感性分析，以观测在不同的增长率和资本成本下微博估值的变化。结合敏感性分析结果可知，基于剩余收益模型，微博的估值位于以 40 美元/股为中心的股价区间内，见表 3-8。

表 3-8   微博的敏感性分析   单位：美元/股

资本成本 ＼ 增长率	g=0	g=1%	g=2%	g=3%	g=4%	g=5%
r+1.5%	27.85	29.34	31.13	33.32	36.05	39.57
r+1%	29.32	31.01	33.06	35.60	38.81	43.01
r+0.5%	30.93	32.86	35.22	38.17	41.96	47.02
r=10.49%	32.70	34.91	37.63	41.09	45.60	51.77
r-0.5%	34.65	37.18	40.35	44.43	49.87	57.48
r-1%	36.81	39.74	43.34	48.29	54.91	64.48
r-1.5%	39.22	42.61	46.98	52.81	60.97	73.24

3.5 梅特卡夫定律估值

作为一款社交媒体，微博的核心价值主要源于用户。梅特卡夫定律基于用户数对网络价值进行估计，能够在出现上述问题时对互联网公司进行精确的估值。

首先，我们检验微博的企业价值与用户数量之间的关系。考虑数据量的充足性，以季度作为时期划分。由于微博于 2014 年 4 月 17 日上市，因此采用 2014 年第二季度至 2018 年第四季度的相关数据。公司价值用微博每季度的股票收盘价均值表示，用户数采用微博各期财务报告公布的月活跃用户数（MAU），见表 3-9。

从图 3-3 可以发现，微博股价存在两次异常变动。微博的股价自 2017 年第二季度开始大幅上涨，从 64.89 美元/股上涨至 2018 年第一季度的 127.64 美元/股。根据方正证券、招银国际等券商发布的研究报告，微博股价上涨的主要原因有 2017 年营业收入与净利润超预期、月活跃用户数量上涨、内容生态不断完善等。而自 2018 年以来，微博的股价一直处于下跌状态，从 2018 年第一季度的 127.64 美元/股跌至 2019 年第一季度的 62.06 美元/股，且该下跌势头仍在 2019 年第二季度

表 3-9　　2014Q2—2018Q4 微博的季末股价均值与 MAU 情况

指标名称	股价均值（美元/股）	MAU（亿人）	MAU²
2014Q2	19.46	1.57	2.45
2014Q3	20.01	1.67	2.79
2014Q4	17.41	1.76	3.09
2015Q1	13.47	1.98	3.92
2015Q2	16.80	2.12	4.49
2015Q3	13.11	2.22	4.93
2015Q4	17.16	2.36	5.57
2016Q1	16.10	2.61	6.81
2016Q2	24.31	2.82	7.95
2016Q3	41.37	2.97	8.82
2016Q4	47.71	3.13	9.80
2017Q1	49.76	3.40	11.56
2017Q2	64.89	3.61	13.03
2017Q3	88.42	3.76	14.14
2017Q4	103.41	3.92	15.37
2018Q1	127.64	4.11	16.89
2018Q2	108.76	4.31	18.58
2018Q3	80.45	4.46	19.89
2018Q4	60.53	4.62	21.34
2019Q1	62.06	4.65	21.62

持续。根据方正证券、国泰君安发布的研究报告，微博的用户和业绩增长在 2018 年进入长期放缓阶段，股价处于均值回归状态，微博短期估值承压，中长期成长潜力仍在。综上所述，我们认为微博的股价自 2017 年以来虽有大幅波动，但其长期价值仍处于平稳上升的趋势。

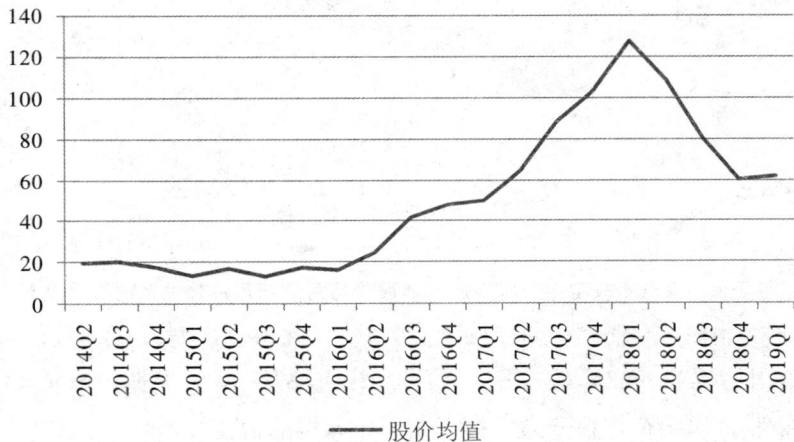

图 3-3　2014Q2—2018Q4 微博的季末股价均值趋势图

其次，运用梅特卡夫公式，我们对股价均值和月活跃用户数平方（MAU²）进行时间序列回归。通过 STATA 软件做时间序列回归检验，我们得到表 3-10 中的回归结果。

表 3-10　　　　　　　　　梅特卡夫估值法的回归结果

变　量	系　数	t 值	p 值
MAU²	4.6180***	12.24	0.000
R²		0.8875	
调整 R²		0.8816	

注：***表示显著性水平为 0.1%。本章下文的表格同理。

从回归结果可以得出，月活跃用户数的平方项 MAU² 与微博的每季度股价存在显著的正相关关系，系数 E 为 4.6180。调整 R² 为 0.8816，反映了回归模型较好的拟合优度，如图 3-4 所示。我们得到拟合回归方程：

$$V = 4.6180 \times MAU^2 \qquad\qquad (3-8)$$

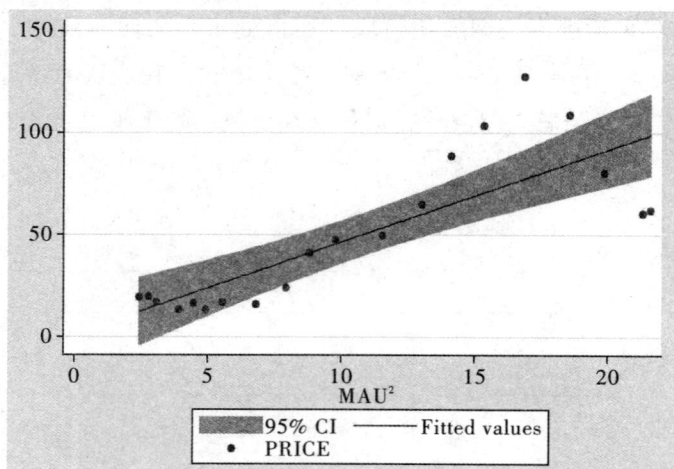

图 3-4　梅特卡夫定律视角下的微博股价与月活跃用户数关系的拟合结果

　　将 2019 年第一季度的月活跃用户数代入拟合回归方程，我们可以计算出估值为 99.84 美元/股。对比 2019 年 6 月 14 日微博收盘价 41.41 美元/股，说明在梅特卡夫定律视角下，微博的价值被市场低估。

　　许多学者和互联网从业人士对梅特卡夫定律进行了修正，提出了自己的观点。美国无线电（Radio Corporation of America，RCA）公司首任总经理大卫·萨尔诺夫（David Sarnoff）认为广播网络的价值以线性增长，这种线性关系（V∝N）被称为萨尔诺夫定律（Sarnoff's Law）。明尼苏达州立大学教授安德鲁·奥德林克（Andrew Odlyzko）在 2006 年提出网络价值应该满足赋权的对数关系（V∝Nln（N）），这种关系称为奥德林克定律（Odlyzko's Law）。计算机网络和软件业先驱大卫·里德（David Reed）于 2009 年提出指数关系（V∝2^N），他认为，群体所构建的网络价值将随着网络人数的增加而出现几何级增长。这种指数关系称为里德定律（Reed's Law）。

　　我们同时运用萨尔诺夫定律、奥德林克定律和里德定律，对公司价值和月活跃用户数进行回归。我们构建变量 ODL=MAU×ln（MAU），构建变量 REED=2^{MAU}，分别衡量奥德林克定律和里德定律，结果见表 3-11。

表 3-11　2014Q2—2018Q4 微博的季末股价均值与各指标情况

指标名称	股价均值 （美元/股）	MAU （亿人）	ODL	REED
2014Q2	19.46	1.57	0.71	2.97
2014Q3	20.01	1.67	0.86	3.18
2014Q4	17.41	1.76	0.99	3.39
2015Q1	13.47	1.98	1.35	3.94
2015Q2	16.80	2.12	1.59	4.35
2015Q3	13.11	2.22	1.77	4.66
2015Q4	17.16	2.36	2.03	5.13
2016Q1	16.10	2.61	2.50	6.11
2016Q2	24.31	2.82	2.92	7.06
2016Q3	41.37	2.97	3.23	7.84
2016Q4	47.71	3.13	3.57	8.75
2017Q1	49.76	3.40	4.16	10.56
2017Q2	64.89	3.61	4.63	12.21
2017Q3	88.42	3.76	4.98	13.55
2017Q4	103.41	3.92	5.36	15.14
2018Q1	127.64	4.11	5.81	17.27
2018Q2	108.76	4.31	6.30	19.84
2018Q3	80.45	4.46	6.67	22.01
2018Q4	60.53	4.62	7.07	24.59
2019Q1	62.06	4.65	7.15	25.11

运用上述公式，我们对股价均值和各活跃用户数指标进行时间序列回归。通过 STATA 软件做时间序列回归检验，我们得到表 3-12 至表 3-14 中的回归结果。

表 3-12 萨尔诺夫定律回归结果

变 量	系 数	t值	p值
MAU	17.23***	10.49	0.000
R^2		0.8529	
调整 R^2		0.8451	

表 3-13 奥德林克定律回归结果

变 量	系 数	t值	p值
ODL	13.50***	12.59	0.000
R^2		0.8930	
调整 R^2		0.8873	

表 3-14 里德定律回归结果

变 量	系 数	t值	p值
REED	4.3028***	10.57	0.000
R^2		0.8546	
调整 R^2		0.8469	

从回归结果看，上述回归的调整 R^2 分别为 0.8451、0.8873、0.8469，表明三个回归模型均有良好的拟合优度。根据回归系数，我们得到三条拟合回归方程：

萨尔诺夫定律：V=17.23×MAU　　　　　　　　　　　　　　　　(3-9)

奥德林克定律：V=13.50×ODL　　　　　　　　　　　　　　　　(3-10)

里德定律：V=4.3028×REED　　　　　　　　　　　　　　　　(3-11)

将 2019 年第一季度的 MAU、ODL 和 REED 代入上述拟合回归方程，我们可以计算出估算股价：

萨尔诺夫定律：80.12 美元/股。

奥德林克定律：96.53 美元/股。

里德定律：108.04 美元/股。

可见，基于奥德林克定律的网络价值评估结果与梅特卡夫估值结果相似，其余两种方法的估值与梅特卡夫估值结果均存在一定的差异。对比 2019 年 6 月 14 日微博收盘价 41.41 美元/股，在萨尔诺夫定律、奥德林克定律和里德定律视角下，微博的价值均被低估。

结合剩余收益模型和梅特卡夫定律的估值结果，我们发现微博的价值在这两种方法下存在较大的差异。微博作为一个月活跃用户数超 4 亿人的内容社交平台，其用户、流量、热度等因素给微博带来了巨大的表外价值，这些表外价值难以在剩余收益模型中体现。两种估值方法的差异主要在于微博的表外价值。

3.6　案例小结

2009 年，"微型博客"概念兴起，成为我国互联网产业的一大风口。彼时，以腾讯、搜狐、新浪等为代表的互联网企业进入微型博客市场，展开了激烈的竞争。时光荏苒，新浪微博依靠与时俱进的发展战略、强大的变现能力与对未来潮流的敏锐嗅觉，成为中国微型博客市场的王者。

通过对微博的估值分析，我们发现，剩余收益模型与梅特卡夫定律的估值结果差异较大。剩余收益模型认为，微博的股价已处于合理估值区间，而梅特卡夫定律认为，微博的股价被市场低估，微博具有升值的潜力。投资者可以仔细比较两种估值方法，思考为什么这两种方法会产生矛盾的结果，究竟哪种方法更适合对微博等社交内容媒体进行估值。这些问题的答案或许比估值结果本身更加有吸引力。

目前，中国互联网市场已进入直播与短视频时代。微博能否继续紧跟时代步伐，抢占我国直播与短视频市场，在未来保持良好的发展态势？我们拭目以待。

第4章 "三重奏"能否奏出雷军的千亿市值小米梦

4.1 异军突起的小米

2018 年 5 月 3 日，小米正式向香港交易所递交了招股说明书，成为香港首家同股不同权的上市公司。可能连雷军自己也未曾预料到这一天来得如此之快。的确，回顾小米的发展历程，它创造了一个又一个商业奇迹。发展至今，小米依靠手机、物联网（Internet of Things，IoT）、互联网三大业务，早已经将旗下的各类产品渗透到普通大众的日常生活中。即使不用小米的手机，小米手环、小米充电宝、小米家电等一系列产品，也早已融入我们的生活。

2010 年，智能手机在国内市场方兴未艾。这一年，诺基亚依然占据王者座椅，但隐约显现出日薄西山的态势；iPhone4 横空出世，奠定了苹果在国内高端市场的王者地位；摩托罗拉、索尼爱立信、三星、HTC 如日中天，在中高端市场皆有建树，占据一席之地；国产手机品牌势头迅猛，牢牢占据着针对低端消费者的庞大市场（如图 4-1 所示）。所以，在中、低、高端市场，市场格局似乎都已经固化。行业内的公司在为争夺市场份额"打架"，而行业外的观望者近乎被关在了行业大门之外。

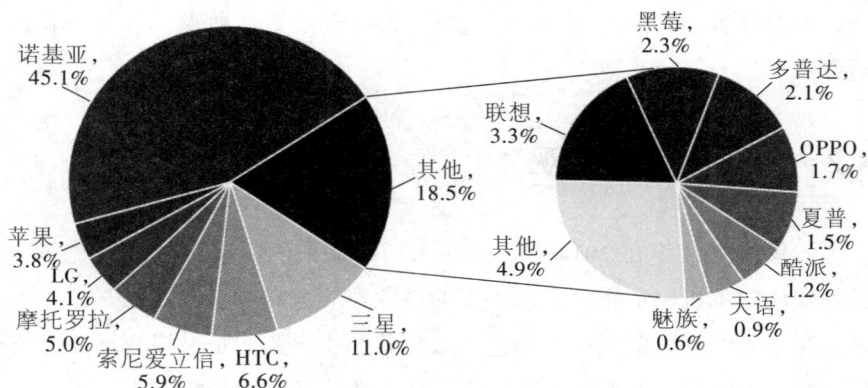

诺基亚，45.1%

黑莓，2.3%
多普达，2.1%
联想，3.3%
OPPO，1.7%
其他，18.5%
夏普，1.5%
苹果，3.8%
其他，4.9%
酷派，1.2%
LG，4.1%
天语，0.9%
摩托罗拉，5.0%
魅族，0.6%
索尼爱立信，5.9%
HTC，6.6%
三星，11.0%

图 4-1　2010 年中国市场手机品牌关注度
资料来源　互联网消费调研中心.

偏偏就在这一年，雷军宣布创立小米公司，剑指手机制造业，由于雷军自身的光环，小米刚一成立，就被推到了风口浪尖上。但小米吸引过来的目光中，更多的是惋惜，几乎所有人都认为雷军在玩火，明明手里有一堆好牌，却偏要选择一条不归路。

然而，小米用实际成绩给市场交出了一份满意的答卷，令所有的质疑声都归为平静。2011 年 12 月 18 日，小米 1 在网上正式售卖，仅 5 分钟不到，首批 30 万台手机全部告罄。2012 年 8 月 16 日，小米 2 正式发布，该系列手机最终销量突破 1 000 万台。2013 年 7 月，首款红米手机发布，总体出货量超过 1.1 亿台。2014 年，小米登上中国大陆智能手机市场出货量第一的宝座。从第一台手机发售到斩获出货量冠军，小米只用了 3 年时间。

线上销售全面爆发，线下销售同样火热。早在 2015 年，小米就开始布局线下零售网络，以米家门店作为销售通道，快速向各大城市线下市场渗透。2016 年底，小米在中国仅拥有 51 家零售门店，截至 2018 年底，小米拥有的零售门店数已经接近 400 家。经营效率高是米家门店的一大亮点。根据小米的统计，小米自营门店平均每平方米创造了 24 万元的营业收入，在全球零售连锁店中排名第二。

线上线下价格相同的政策是小米之家经营效率高的重要原因，此外，小米之家在各大商场的渗透，为购买者提供了更多体验产品的机会，也提升了小米品牌在三、四线城市的认知度，从而吸引了更多潜在消费者。

4.2 雷军的"大局观"

如果时间轴停在 2014 年，那小米留给人们的印象可能就只是一家成长较快的手机制造企业，但小米的商业布局就只局限于此吗？当然不是，在小米的商业蓝图中，构造一条完整的生态链才是最终目标。这条生态链以 IoT 平台为中枢，将智能家居硬件与互联网结合起来，通过米家 App 统一控制，而高性价比的智能手机，是将用户引入这条生态链的工具。首先吸引用户使用小米手机，再以手机入口，逐步将用户引至其他领域。此外，小米还大力发展互联网服务业务。2015—2018 年，小米互联网业务和 IoT 业务的比重不断增加，相比于智能手机，这两项业务的毛利更高，市场空间更大，成为支撑小米快速发展的新的增长动力。小米在招股说明书中也形象地将智能手机、IoT、互联网三项业务称为小米的"铁人三项"。

从图 4-2 和图 4-3 可以看出，2015—2018 年，小米智能手机的销售收入占总收入的比重从 80.4% 降到了 65.1%，与之对应的是 IoT 和互联网业务的比重分别从 13%、4.9% 增长到 25.1%、9.1%。虽然智能手机业务的收入比重有所下降，但其销售收入额依然在快速增长，从 2015 年的 537.2 亿元增长到 2018 年的 1 138 亿元，平均年化增长率为 28.4%，IoT 业务收入从 86.9 亿元增长到 438.2 亿元，平均年化增长率为 71.5%，互联网业务收入从 32.4 亿元增长到 159.6 亿元，平均年化增长率为 70.1%。经过数年发展，小米的营业收入结构不断优化，对手机的依赖程度逐年降低，互联网和物联网的营业收入规模已经起量。

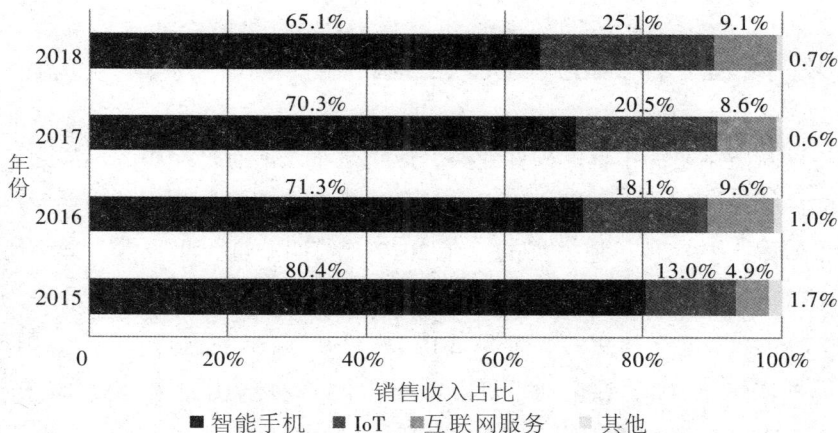

图 4-2　小米各业务销售收入占比变化

资料来源　小米招股说明书、小米 2018 年年报.

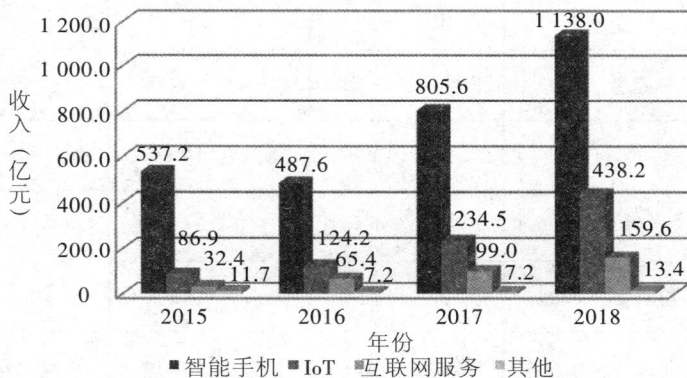

图 4-3　2015—2018 年各业务收入变化

资料来源　小米招股说明书、小米 2018 年年报.

　　2015—2018 年，小米的总销售收入保持快速上升态势，从 668.2 亿元增长到 1 749.2 亿元，平均年化增长率为 37.82%。同时，收入结构也在不断优化，从智能手机业务一家独大到"铁人三项"齐开花，经过几年的发展，小米已经成为诸多投资者眼中的优质公司。那么，问题来了，这家发展势头迅猛的好公司是一家值得投资的公司吗？换句话说，现在小米的股票是否值得买入并持有呢？在投资面前，这是一个不可以靠直觉回答的问题，必须通过合理的估值分析才能得到答案。在进行估值分析之前，首先应该对小米的各项业务有一个全面的了解。

4.3 撑起一片天的"铁人三项"

　　以智能手机为中枢的硬件业务，应该是小米所有产品中大家最为熟悉的。毫无疑问，小米在成立之初就是凭借以智能手机为主的硬件业务站稳脚跟，并实现迅速发展的。在 2017 年第四季度，小米占全球手机市场的份额接近 7.2%（见表 4-1），位列第四位，落后于华为（10.7%）、三星（18.9%）、苹果（19.7%），但小米的出货量相比 2016 年同期增长 97.4%，在全球手机市场景气下行的环境中，小米是唯一一家在 2017 年第四季度中手机出货量同比上升的公司。

表 4-1　　　　　　　　2017 年第四季度出货量占比

公司	全球	中国大陆	印度	新兴市场
小米	第四名（7.2%）	第四名（13.9%）	第一名（26.8%）	第三名（7.3%）
苹果	第一名（19.7%）	第五名（12.9%）	第九名（2.8%）	第二名（8.5%）
华为	第三名（10.7%）	第一名（21.3%）	第十五名（0.8%）	第四名（7.0%）
OPPO	第五名（6.9%）	第二名（17.5%）	第五名（4.9%）	第七名（4.4%）
三星	第二名（18.9%）	第九名（1.0%）	第二名（24.2%）	第一名（29.9%）
vivo	第六名（6.0%）	第三名（16.5%）	第三名（6.5%）	第九名（2.8%）

资料来源　小米招股说明书.

　　小米在持续强化中国大陆中高端手机市场地位的同时，还在加速布局全球市场，尤其是在印度和其他新兴市场，小米取得了十分突出的成就。在进入印度 3 年之后，小米在印度市场的份额占比已经达到了 26.8%，超过了三星，稳居第一。小米在印度的成功来自于线上线下齐发力。根据 IDC 统计，2017 年第四季度，小米智能手机在印度不仅线上出货量排名第一，其线下出货量也位列第二，市场份额接近11%。在印度市场开花的同时，小米也在积极向东南亚、南美等新兴市场扩张，并取得了不错的成绩，市场份额已经接近 7.3%，位列第三。

海外市场的顺利开拓，使小米的营业收入区域来源更加合理，对国内市场的依赖程度相应降低。2017 年，小米在海外市场的营业收入为321 亿元，占总收入的 28%。

2018 年小米的全球市场份额进一步提升，根据全年出货量统计，小米全球市场份额虽然依然位于第四，但占比提升至 8.7%，见表 4-2。在印度市场，小米全年市场份额达到 28%，稳居第一并逐渐拉开与第二名三星的距离。在中国大陆市场，小米市场份额仍然位于第四，但占比略微下降至 13.1%。

表 4-2 　　　　　　　　　2018 年全年出货量占比

公 司	全 球	中国大陆	印 度
小米	第四名（8.7%）	第四名（13.1%）	第一名（28%）
苹果	第二名（14.9%）	第五名（9.1%）	1%
华为	第三名（14.7%）	第一名（26.4%）	—
OPPO	第五名（8.1%）	第二名（19.8%）	第四名（8%）
三星	第一名（20.8%）	第七名（0.8%）	第二名（24%）
vivo	第六名（6.2%）	第三名（19.1%）	第三名（10%）

资料来源　IDC.

从 2017 年开始，智能手机市场规模下滑，对各手机品牌产生了一定冲击，苹果、三星等品牌的销量增速均受到不同程度影响，但小米逆市上扬，在市场低迷的背景下，依然实现了快速增长。从图 4-4 可以看出，从总出货量来看，小米的增长势头惊人。2017 年其出货量为9 270 万台，2018 年则增长至 1.2 亿台，同比增速接近 30%。在 2018年的 1.2 亿台手机中，海外出货量高达 6 000 万台，占总销量比重已经超过 50%。可见，随着国内手机市场的饱和，小米已经奏响了开拓海外市场的主旋律。

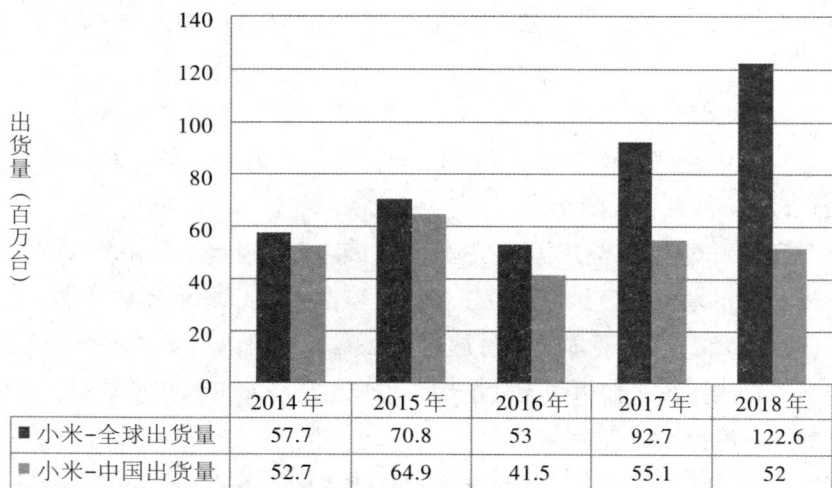

	2014年	2015年	2016年	2017年	2018年
■ 小米-全球出货量	57.7	70.8	53	92.7	122.6
■ 小米-中国出货量	52.7	64.9	41.5	55.1	52

图 4-4　2014—2018 年小米手机整体出货量构成统计

资料来源　IDC.

在手机档次上，小米也正在实现由中低端向中高端的全面覆盖。在中低端市场，小米凭借红米系列的千元机横扫市场；在中高端市场，诸如小米 MIX、小米 8 等手机已经逐渐起量并广受市场好评。产品价位的全面覆盖赋予小米更强的市场竞争力，并进一步扩展了潜在消费者群体，为小米的未来发展注入更强动力。

蒸蒸日上的智能手机业务并没有掩盖小米物联网和互联网业务的快速发展。在物联网方面，小米自己研发 IoT 平台，并同时以投资的方式拓展物联网硬件业务。2013 年，小米投资 100 家智能硬件企业，开启了物联网生态的建设之路。通过这种自主研发+外延投资的方式，小米用最快的速度完成了智能硬件市场的布局并迅速占领市场。

截至 2018 年 3 月 31 日，小米的生态链已经包含 210 家生产不同产品的公司，其中超过 90 家公司专注于研发智能硬件和生活消费产品。一方面，小米投资的这些公司不断地协助小米实现创新发展；另一方面，小米的发展壮大赋予小米更多的能量帮助生态链中的其他公司实现突破。这种互相促进的激励关系源源不断地为小米的生态系统注入活力。

现在来看，小米的生态系统已经凸显威力。根据小米 2018 年年报，除了其主营的智能手机及笔记本电脑之外，小米还连接了超过一亿台智能设备，这些产品互通互联，既改善了用户的生活，又为互联网服务提供了专属平台，还为其"铁人三项"中的第二项——物联网提供了良好的发展环境及发展空间。

截至 2017 年 12 月 31 日，按已连接设备数量计算的消费级 IoT 市场份额中，小米的市场份额为 1.7%，领先于苹果的 0.9%、亚马逊的 0.9%、三星的 0.7%、谷歌的 0.6%，占据 IoT 市场份额第一的位置。在生态链布局中，小米凭借着高性价比的硬件产品与广泛关联的智能家居先行一步，其竞争优势是 IoT 产品种类繁多、价格大众化，并且所有 IoT 产品均可通过米家 App 实现统一控制，极大优化了使用体验。而其他 IoT 供应商要么售价过高，要么仅推出垂直领域内的单一产品，不论性价比还是使用体验均无法与小米相比，这也是小米物联网业务的一大优势。小米 IoT 设备的价格远远低于竞争对手的同类产品（见表 4-3），这也是小米牢牢占据 IoT 产品全球市场份额第一的原因之一。

表 4-3　　　　　**小米 IoT 设备价格与同类产品对比**

项目	智能电视	人工智能音箱	路由器	滑板车	穿戴式设备	空气净化器	感应加热电饭煲	扫地机器人	智能相机	净水器
小米型号	小米电视	小米AI音箱	小米路由器	米家电动滑板车	小米手环	小米米家空气净化器	米加压力IH电饭煲	米家扫地机器人	米家智能摄像机	小米净水器
价格	138～1 492美元	26～46美元	15～107美元	308美元	23美元	108～231美元	62～154美元	260美元	15～62美元	230～307美元
系统	统一由米家App控制									
竞争对手型号	Samsung UA Series	Sonos One	TP-Link DR Series	INMOTION V Series	Apple Watch	Honeywell KJ Series	Panasonic SR Series	iRobot Roomba Series	Ezviz Smart Camera	Philips WP4170
价格	446～3 333美元	279美元	13～230美元	508美元	249美元	325～833美元	156～586美元	741～1 304美元	22～81美元	461美元
系统	Samsung SmartThings	Amazon Alexa	TP-Link Mobile App	INMOTION Mobile App	Watch OS 4	JD Smart	Panasonic Smart	iRobot	Ezviz Cloud	Ali Smart Cloud

资料来源：小米招股说明书．

　　小米的物联网产品中，智能家居数量最多，如小米智能音箱、智能电视、盒子、翻译机等。这类管道式硬件具备连接服务属性，可以向内连接内容服务和 AI 服务。

　　小米的 IoT 管道式产品中，内核产品非小米手环、小米智能音箱、智能电视和盒子莫属，甚至可以说小米的这些内核产品是无敌的，一方面基本娴熟的硬件功底能够保证产品质量，另一方面整个供应链上下游的整合能够充分发挥成本优势，保证远低于市场同类产品的销售价格。其中，最典型的是小爱同学智能音箱，它是整个生态中少有的具备内外互联特性的产品。一方面，音箱可以对内连接 AI 服务和音乐内容；另一方面，它又向外连接大量的电器和家居产品。作为中枢式的设备，之前有其他公司曾寄希望于智能路由器来担当这一使命，但是小米用智能音箱完美出演这一角色。

　　众所周知，小米的智能家居还涉及其他家用设备，如空气净化器、扫地机、空调、台灯、插座等，它们具有被管道产品（智能音箱）连接的特性。这种被连接的特性，使这些家用设备更加智能化，能够显著提升用户体验。目前小米建立的设备附属智能产品生态，已经成为小米家庭生态一道坚固的防护门。在未来，围绕小爱同学这一控制中枢，相信小米还会有新的 AI 产品落地。

　　以手机为工具导入消费者，通过 IoT 和互联网赚取利润是小米的核心盈利模式。根据小米财报，2017 年度小米手机的平均售价为 881.3 元，但每售出一台手机所带来的 IoT 与生活消费产品的收入高达 256.5 元，占手机售价的近 30%。也就是说，小米每销售一台手机，还能带动其价格 30% 的生态链产品销量。

　　除了手机销售业务以及 IoT 生活消费产品之外，小米还有"铁人三项"中的第三项，即互联网业务。这部分业务的营业收入并不突出，2016 年、2017 年及 2018 年分别贡献小米总收入的 9.6%、8.6% 以及 9.1%，但其对最终利润的贡献远不止于此，具体见下文分析。

　　小米在互联网业务上的成功主要取决于其应用程序的顺利推广。根据小米财报，截至 2018 年 3 月 31 日，小米分别开发了 38 个月活跃用户超过千万人的应用程序和 18 个月活跃用户超过 5 000 万人的应用程序，如小米应用商店、小米浏览器、小米音乐和小米视频等均是大家耳熟能详的应用产品。用户数量的增加为小米互联网业务的盈利奠定了基础，小米主要通过互联网基本服务及互联网增值服务（主要包括游戏）赚取互联网服务收入。

根据小米财务报表，截至 2018 年 3 月，其 MIUI[①] 月活跃用户数接近 1.9 亿人，其中拥有 5 个以上非智能手机或笔记本电脑的其他小米互联产品的米粉数量超过 140 万人，小米已经具备了扎实的用户基础。小米平均从每个用户身上获得的互联网服务收入为 9.1 美元。

尽管小米的互联网服务收入规模不大，但毛利率远远高于其他业务，这也是为什么小米要大力发展互联网服务业务的一个重要原因。

根据小米招股说明书可知，其互联网服务业务 2016 年毛利率为 64.4%，2017 年为 60.2%。智能手机业务的毛利率在同时期分别为 3.4% 和 8.8%。IoT 生活消费产品的毛利率在同时期为 8.2% 和 8.3%。对比毛利率，小米在招股说明书中自称为一家互联网公司也就不足为奇了。

4.4　是真金还是白银——剩余收益模型给出答案

剩余收益模型的核心在于确定公司未来现金流以及相应的贴现率。问题在于，如何确定股东要求的报酬率呢？同一家公司的不同股东要求的报酬率是否一致呢？幸运的是，资本资产定价模型（CAPM）帮我们解决了这个问题。该模型假定市场中的投资者具有共性，有相同的投资有效集，遵循风险厌恶特点，因此对于相同风险的公司，要求一个相同的回报率。CAPM 公式如下：

$$R_p = R_f + \beta(R_m - R_f) \tag{4-1}$$

其中：R_f 是市场无风险利率，实践中，一般会选择国债的收益率来表示无风险利率，但香港的国债数据不足，在这里选取最近一年的银行一年期定期存款利率替代无风险利率（一年期的活期存款理论上没有任何风险）。β 反映了资产的系统性风险。CAPM 认为，资产的非系统

---

① MIUI 是小米公司旗下基于 Android 系统深度优化、定制、开发的第三方手机操作系统，也是小米的第一个产品。

风险是可以通过分散投资来消除的，所以只有系统性风险才会影响投资者的期望回报。β 越大，说明该资产的系统性风险越高，相应的市场要求的回报率也就越高。R_m 是市场收益率，在这里用恒生指数最近十年的平均年化收益率代替。

根据 Wind 的数据，$R_f = 0.125\%$，$R_m = 8\%$，小米最近一年的 β = 1.2578，经过计算，得出小米的股东要求回报率 R_p 为 10%。

根据剩余收益估值模型，我们需要做出 3 个合理假设：

第一，2018 年之后的未来 3 年，小米的 EPS 分别为 0.53、0.70、0.98（预测数据来自 Wind 的研究报告）；

第二，小米不发放股利；

第三，2021 年之后的永续增长率为 2%。

有一个问题需要说明，根据小米的招股说明书（内含 2017 年财报）以及 2018 年财报，小米 2017 年和 2018 年的每股稀释收益分别为−4.49 元和 0.04 元，对比 Wind 上的研究报告对于未来 3 年 EPS 的预测值，其偏差很大。原因是什么？要想证明估值的合理性，这个问题就一定要搞清楚：小米 2017、2018 两年的盈利能力是否真的如财务报表上的数据一样薄弱呢？

当然不是，这两年最终体现在报表上的净利润过低的主要原因有两个：第一是受到优先股对净利润的影响。小米有大量的可转换可赎回优先股，这一部分权益的价值以公允价值计量，小米价值越高，理论上在未来赎回这些优先股的成本就越大，潜在损失也就越大，而小米过去几年的飞速发展导致可转换可赎回优先股每年都会产生大量的公允价值变动损益，这严重拉低了净利润。虽然 2018 年上市之后小米的优先股基本都转换成了普通股，但在 2018 年的前两个季度，优先股依然对净利润产生了不小的影响。第二是 2018 年小米一次性支付给雷军接近百亿元的薪酬，这对净利润也产生了很大影响。

考虑到优先股调整、以股份为基础的薪酬、投资的公允价值变动损益等事项会影响净利润，但与经营事项关系不大，且这些事项不具备可持续性，因此剔除掉这些因素的影响后，算出的调整后的净利润见表

4-4。

表4-4　　　　　　　　　　利润调整表　　　　　　　　单位：亿元

年份	年度利润	可转换可赎回优先股公允价值变动	以股份为基础的薪酬	投资公允价值变动净值	收购所得无形资产摊销	基金投资者的金融负债价值变动	以非国际财务报告准则调整后利润
2018	134.8	−125.1	123.8	−48.4	0.05	0.4	85.5
2017	−438.9	540.7	9.1	−57.3	0.02	—	53.6

资料来源　小米2018年财报.

　　根据上述调整后的净利润，结合各年度的各类权益数量，可以求出调整后的摊薄每股收益分别为0.55元/股（2018年）、0.363元/股（2017年）。由于这两年的普通股总数相差巨大（2018年在香港上市公开发行了大量股票），所以不具备直接比较摊薄EPS的基础，但可以比较调整后利润的变动幅度。计算可知，2018年调整后的净利润较2017年同比增长60%，这是一个非常高的增长幅度。基于这种增长幅度回过头去看Wind研究报告给出的未来3年的盈利预测，就合乎常理了。

　　根据上述3个假设，我们可以预测小米2019—2021年的EPS、DPS、BPS以及ROCE，从而利用剩余收益模型计算出小米的内在价值，具体数据见表4-5。

表4-5　　　　　　　　小米剩余收益模型数据预测　　　　　　金额单位：元

预测年份	2018	2019	2020	2021
EPS	0.04	0.53	0.70	0.98
DPS	0	0	0	0
BPS	3.02	3.55	4.25	5.23
ROCE		17.5%	19.7%	23.1%
RE		0.23	0.34	0.55
折现因子		1.10	1.21	1.33
RE现值		0.21	0.28	0.42
RE总现值	0.91			
持续价值现值	5.69			
每股价值	9.62			

资料来源　Wind.

　　其中，EPS 为摊薄每股收益；DPS 为每股股利；BPS 为每股净资产（等于上一年的每股净资产加上上一年的 EPS 减去 DPS）；ROCE 是净资产回报率（等于本年 EPS 与上年的 BPS 的比值）；RE 为每股当年超过股东要求收益部分的价值，也就是剩余收益。

　　上述估值模型中的所有数据都以人民币元为单位，因此求出的 9.62元/股的价值也是以人民币为单位的，按照 2019 年 6 月 30 日人民币兑港币 1∶1.14 的汇率换算之后，约为 10.97 港元/股。

　　通过上述估值过程，可以看出小米未来的价值会受到很多因素影响，比如其市场利率的变化、公司增长速度的不确定性等。为了更全面地展示不同情况下小米的整体内在价值，我们将进行基于 2022 年及之后的增长速度和无风险利率发生变动的敏感性分析，具体见表 4-6。

表 4-6　　　　　　　　　　　　　　　**敏感性分析**　　　　　　　　　　单位：元/股

增长速度 无风险利率	1%	2%	3%	4%	5%
0.3%	9.04	9.68	10.51	11.61	13.15
0.6%	9.14	9.80	10.64	11.78	13.38
0.9%	9.23	9.91	10.78	11.95	13.61
1.2%	9.33	10.02	10.92	12.13	13.86
1.5%	9.43	10.14	11.07	12.32	14.11

　　以永续增长率为例，当无风险利率保持不变而永续增长率提高时，小米的价值也会上升，因为小米未来的永续价值由公式 $\dfrac{Re}{R-g}$ 确定。Re是 2022 年及以后的总剩余收益，R 是小米的股东要求回报率，g 是小米的永续增长率，g 变大时，整个分母相应变小，剩余收益的现值就越大。

　　综合对比小米价值对利率变动和增长速度变动的敏感性可以发现，增长速度的变动对小米价值的影响更大一些，也就是说小米的价值更易受到永续增长率的变动的影响，主要原因是 2021 年之后的持续收益的现值构成了小米总体现值的主要部分（以模型为例，当每股价值为 9.62

元时，持续价值的贡献为 5.69 元），而持续价值主要受到永续增长率的影响，因此小米的价值对于永续增长率的敏感性更大一些。

4.5 另一个角度说明问题——可比公司法估值模型

基于剩余收益估值模型估出来的小米股票价值为每股 9.62 元人民币（读者可根据当期汇率自行换算成港币的价值，当利率和永续增长率发生变化时，价格会上下波动），但在小米上市之初，雷军可是说过，要让小米的投资者财富翻一倍，按照当初 17 港元的新股认购价计算，雷军是觉得小米每股能涨到 34 港元，这跟我们估出来的股价可是差了不止一点半点。过大的差距就容易让人产生怀疑。基于此，为了验证剩余收益模型估值的结果，本书选取另外一种方法——可比公司法对小米再次进行估值，并将两种方法的结果进行对比。如果偏差不大，则能够进一步增强估值的合理性。

翻看小米的财报可以发现，小米的业务主要可以分为三块，分别是手机硬件业务、物联网业务、互联网业务。从营业收入来看，上述三项业务的任何一项业务单独拆分出来，其规模都足以媲美一家上市公司，这就给我们的估值带来了一个新的思路。如果能够将三项业务分别看成单独运营的主体，并计算各自的价值，最后加总到一起也能得到小米的总价值。

可比公司法的逻辑是什么呢？一般来说，处于同一个行业里的公司，由于经营业务、面对的市场主体等具有一定的相似性，那么市场在对这些公司进行价值评估的时候，会基于相似的特征来套用相同的标准，所以在对 A 公司估值的时候，可以在同行业内寻找一家合适的 B 公司作为基准公司，通过某些特定指标，结合基准公司的市场价值，对比估算出目标公司的价值。

可比公司法中使用最多的是市盈率法，选取公司的 EPS 作为特定指标，具体过程如下：

$$\frac{P_1}{E_1} = \frac{P_2}{E_2} \tag{4-2}$$

其中：P_1 是基准公司的每股市价；E_1 是基准公司的每股收益；两者的比值就是投资者为了每一单位收益愿意付出的价格。

如果基准公司与目标公司属于同一行业，且资本结构也相差不远，那么对于目标公司也可以近似认为投资者愿意为一单位的收益付出相同的价格，那么就可以根据该公司的每股收益计算出相应的每股价格。

但上述方法并不适用于所有的公司，比如有一些公司发展迅速，营业收入增长很快，但是处在发展初期，大量资金投在了设备积累以及用户获取上，导致利润常年为负（比如京东、美团、滴滴等互联网企业）。如果用市盈率方法去估算这些公司的价值，就会得到一个负值，这显然与事实不符。针对这种情况，还可以选取市销率、市净率等指标作为评估企业价值的工具。市销率计算的是投资者愿意为每一单位收入付出的价格，而市净率则是计算投资者愿意为公司的每一单位净资产付出的价格。估计目标公司的价值时，具体用哪种指标，取决于公司的实际经营情况。

表 4-7 是小米在 2018 年财报中披露的各项业务的收入成本情况。在毛利方面，智能手机业务、IoT 业务、互联网业务分别贡献了 70.43 亿元、45.11 亿元、102.72 亿元，但如果要计算各业务对净利润的贡献，还需要在毛利基础上扣除销售费用、研发费用、行政开支（管理费用）等一系列税前开支。由于小米在年报中并没有提及三项业务在这些开支上分别占了多少，本书最初想利用销售收入作为权重，将各种费用在三项业务间进行分摊，得到三项业务的近似利润。但考虑到这种粗略的分配方法除了直觉上可以接受以外，没有任何理论依据支撑，因此还是以报表中给出的销售收入以及毛利数据作为基础数据对小米各经营分部进行估值。

表 4-7   小米毛利分布   单位：百万元

项　目	智能手机	IoT	互联网	其　他	总　计
销售收入	113 800.4	43 816.9	15 955.6	1 342.5	174 915.4
销售成本	106 757.1	39 306.1	5 683.9	976.4	152 723.5
毛利	7 043.3	4 510.8	10 271.7	366.1	22 191.9

资料来源　小米 2018 年财报.

不过本书还是把通过这种粗略分配方法得出的结果展示在表 4-8 中，供读者参考（可以大概看出哪项业务对小米的净利润贡献最大）。

表 4-8   以销售收入为权重分配成本   单位：百万元

项 目	智能手机	IoT	互联网	其 他	总 计
销售收入	113 800.4	43 816.9	15 955.6	1 342.5	174 915.4
销售成本	106 757.1	39 306.1	5 683.9	976.4	152 723.5
毛利	7 043.3	4 510.8	10 271.7	366.1	22 191.9
销售及推广开支	(5 200.3)	(2 002.3)	(729.1)	(61.3)	(7 993.1)
行政开支	(1 430.7)	(550.9)	(200.6)	(16.9)	(2 199.1)
研发开支	(3 758.4)	(1 447.1)	(527.0)	(44.3)	(5 776.8)
公允价值变动损益	2 882.4	1 109.8	404.1	34.0	4 430.4
投资亏损	(400.1)	(154.0)	(56.1)	(4.7)	(614.9)
其他收入	549.6	211.6	77.1	6.5	844.8
其他收益净额	138.7	53.4	19.4	1.6	213.2
经营利润	(175.5)	1 731.3	9 259.6	280.9	11 096.4
财务收入净额	140.7	54.2	19.7	1.7	216.3
除所得税前利润	(34.7)	1 785.5	9 279.3	282.6	11 312.7
所得税	(292.4)	(112.6)	(41.0)	(3.4)	(449.4)
净利润	(327.1)	1 672.9	9 238.3	279.2	10 863.3

接下来，先对智能手机业务分部进行估值，在选取基准公司的时候，要考虑到必须是手机行业中的成熟公司，而且业务总量要足够大，能够跟小米智能手机业务的 1 138 亿元的营业收入相匹配（对于小公司，市场给的估值可能会更高一些，因为小公司的增长速度会比大公司要快一些）。

在香港的上市公司中，很难找到一家符合上述要求的公司。鉴于此，在本案例中，选取的是在台湾上市的宏达国际电子股份有限公司（股票名称为"宏达电"，英文缩写为 HTC）2011 年的数据。原因有两个：第一是宏达电手机业务的发展路径跟小米相同，2007 年开始发力，并在 2011 年达到了巅峰，宏达电 2011 年末的价值，是市场基于宏达电 2011 年以后还能够继续保持现有规模并实现稳定增长所给出的估值，因此用该数据配比现时的小米是比较合适的（虽然宏达电 2011 年之后开始衰落，但小米在亚洲市场的份额稳定，并仍在积极开拓南美和非洲等新兴市场以及欧洲等发达国家市场，所以有理由相信在可预见的未来，小米的手机市场占有率会继续稳步上升）。第二是 2011 年和 2018 年的资本市场情况基本相同，都是一个震荡下跌市场疲软的走势，不会存在较严重的不同时期估值偏差问题。

基准公司确定之后，是否就可以直接对比市销率来对小米进行估值了呢？理论上来说，的确是可以这样做，但是仔细对比宏达电和小米的财务报表可以发现，如果直接利用市销率给小米的手机业务分部估值，存在极大的不合理性。为什么呢？因为小米的手机分部和宏达电的手机业务毛利率相差太大！宏达电 2011 年的报表显示，其手机业务的毛利率是 28.3%，而小米 2018 年的手机业务毛利率只有 6.2%。举个例子，如果两家公司的销售额都是 100 元，宏达电这 100 元中有 28.3 元的毛利，而小米只有 6.2 元的毛利，那两家公司的价值能一样吗？很显然，如果两家公司的盈利能力不同，那估值理应有所区别，但是如果基于市销率来算估值，根据公式（4-3），销售收入相同，那么价值就相同，所以说直接利用市销率来给出小米的估值并不合理[①]。

$$\frac{P_1}{S_1} = \frac{P_2}{S_2} \tag{4-3}$$

基于上述原因，本案例改用 $\frac{P}{毛利}$ 的方式，也就是通过对照宏达电 2011 年的数据，计算出投资者愿意为每一单位毛利付出的价格，并乘以小米手机业务 2018 年的毛利，得出小米手机分部的价值，具体数据见表 4-9（表中宏达电的所有数据均已经按照 2011 年末的汇率换成了人民币）。

表 4-9　　　　　　　　　智能手机可比公司对比

公司	总市值（亿元）	销售收入（亿元）	毛利（亿元）	毛利率
宏达电	880.10	965.1	273.1	28.30%
小米	226.87	1 138	70.4	6.20%

资料来源　Wind.

---

① 市销率之所以在可比公司法中成为常用的指标，是因为一般认为同一行业中的公司具有相似性，这种相似性包括盈利效率、成本费用率等，但是小米的业务特征是主打性价比，压缩利润空间获取更多用户，所以毛利率会比同行业的其他公司低很多。

根据公式（4-4）计算出小米手机业务分部的价值是 226.87 亿元，其中 T_1 是宏达电 2011 年的毛利 273.1 亿元，P_1 为宏达电 2011 年末市值 880.1 亿元，T_2 是小米手机分部 2018 年的毛利 70.4 亿元。

$$\frac{P_1}{T_1} = \frac{P_2}{T_2} \qquad (4\text{-}4)$$

接下来计算小米物联网业务分部的价值，由于小米的物联网业务总体毛利率也比同行业其他公司要低一些，所以还是采用同智能手机业务相同的估值方法，选用毛利而不是营业收入作为指标。这次选取的公司是在香港上市的艾伯科技，这家公司主营业务是智能终端销售，与小米的物联网业务十分相似，两家公司的业务数据对比见表 4-10。

表 4-10　　　　　　　　　　物联网可比公司对比

公司	销售收入（亿元）	毛利（亿元）	市值（亿元）
艾伯科技	2.127	0.86	8.0
小米	438.2	45	418.6

资料来源　Wind.

根据公式（4-4），得出小米物联网业务分部的价值为 418.6 亿元。其中，T_1 是艾伯科技 2017 年的毛利 0.86 亿元（截至 2019 年 5 月 19 号，艾伯科技 2018 年年报还未公布），P_1 是艾伯科技 2017 年最后一个交易日的市值，T_2 是小米物联网业务分部 2018 年的毛利 45 亿元。

最后对小米的互联网业务分部进行估值。互联网行业的估值方法与传统的方法有所不同，这个行业最典型的一个特点就是前期的高投入导致营业收入很高，但是利润却是负的，钱都用在了获取用户上，比较典型的如拼多多、哔哩哔哩这些互联网公司。但对于这些公司来说，只要拥有了稳定的用户，就等于有了利润的获取来源，即用户就是公司价值的一部分。基于此，目前针对互联网公司的估值方法，用的比较多的是梅特卡夫定律，即网络价值随着用户数平方的增长而增长，与用户数平方成正比，见公式（4-5）。

$$Y = kc^2 \qquad (4\text{-}5)$$

其中：Y 是公司的价值；c 是公司同时期的用户数量；k 是系数。

这种估值方法比较符合互联网企业的盈利模式。

传统的梅特卡夫方法是利用目标公司的历史各个月份的用户数量以及对应时期的市值，先拟合出 k 的值，再利用 k 和当期的用户数量，估算出当期的公司价值。由于自小米上市以来，整体股票二级市场不景气，虽然其用户数量一直在增加，但其市值一直在下跌。如果直接使用传统的梅特卡夫定律，会得出一个公司用户数量越多公司价值越小的结果，这不符合正常逻辑。所以，本案例中对梅特卡夫方法稍作改进，结合可比公司法的核心思想，选取业务规模与小米相似的其他互联网公司，利用公式（4-6）计算。

$$\frac{A公司价值}{A公司用户数^2} = \frac{B公司价值}{B公司用户数^2} \tag{4-6}$$

考虑到小米的互联网业务收入规模跟拼多多基本相同，因此选取拼多多作为基准评估小米互联网分部的价值，见表 4-11。

表 4-11   **互联网可比公司对比**

公　　司	MAU（百万人）	营业收入（亿元）	毛利（亿元）	市值（亿元）
拼多多	272.6	131.2	102.15	1 793.57
小米互联网	242.1	160	102.7	1 592.89

资料来源　Wind.

根据上述公式，求出小米互联网业务分部的价值为 1 592.89 亿元。到此，本章完成了利用可比公司法对小米智能手机、物联网和互联网 3 个分部的估值，它们分别是 226.87 亿元、418.6 亿元、1 592.89 亿元，加总到一起是 2 238.36 亿元，计算出股票价格为 9.32 元/股。

除此之外，可比公司法估值只是单纯加总了 3 个主要业务分部的价值，还没有考虑到 3 项业务结合在一起的协同效应创造出的价值，比如一个用户买了小米的智能手机，一方面给小米的智能手机业务创造了收入，另一方面还可能通过小米手机购买小米的其他产品，如小米手环等物联网产品，以及小米金融等互联网产品，这种协同效应理应具备价值。除了 3 项主要业务，小米的其他业务在 2017 年、2018 年分别创造了 1.4 亿元、3.7 亿元的毛利，这一部分的价值也应该加进小米的总体价值中。基于此，本案例利用 2 238.36 亿元+X 来表示小米的总价值，其中，2 238.36 亿元代表三大主营业务的价值，X 则代表协同效应以及剩余业务的价值，具体值多少，没有办法量化，但对于小米的总体价值不会构成太大的影响。

虽然雷军在小米上市之初说过要让所有购买小米股票的投资者赚够 2 倍，但事实上自发行之后，小米的股价一路下滑，最低跌破 9 港元/股，较最初发行价跌了将近一半。通过估值可以发现，香港的市场还是非常理性的，虽然我们也很看好小米未来的发展，但就目前的盈利能力来看，小米的合理估值应该介于 2 000 亿元到 2 500 亿元之间，也就是说目前小米的股价水平处于合理区间，并没有被严重低估。

小米的智能手机业务本身利润很低，在现有市场已经饱和的情况下，难有质的突破，除非小米能够在物联网和互联网两大业务上实现跨越，否则小米发行首日的认购者想要如雷老板所讲的那样赚取两倍利润，怕是遥不可及。

4.6　案例小结

对于投资者来说，需要关注两点：第一是分辨出一家公司是不是好公司；第二是判断这家好公司目前的股票价格贵不贵。举个例子，贵州茅台是一家好公司，但是如果现在这家公司的股价涨到了 2 000 元/股，那这家公司还是一个合适的投资选择吗？显然不是。小米的投资者也应遵从这个逻辑。小米自成立以来，发展迅速，业务渗透至智能手机、物联网、互联网三大领域，完整的生态链对其他公司形成了竞争障碍。此外，小米的营业收入和利润双双增长，市场占有率也不断提高，尤其是物联网业务，在保持市场占有率第一的前提下，还在高速增长，所以小米也是一家好公司。但是经过我们分析，小米目前的市值已经接近其内在价值，说明市场还是十分有效的，如果雷军想要实现千亿美元市值梦，那么还需要努力在公司成长速度、新领域的开拓等方面给投资者带来一些惊喜。

第5章 山穷水尽疑无路，柳暗花明于何处

——三六零的未来

5.1 命运多舛的网络安全巨头——三六零概况

自三六零安全科技股份有限公司（以下简称三六零）2018 年 2 月 28 日正式登陆 A 股市场起，这家国内最大的互联网安全公司的风波就从未平息过：2019 年 4 月 12 日三六零宣布转让持有的子公司奇安信的所有股份，周鸿祎和齐向东这两个"老战友"从多年合作走向竞争。2019 年 4 月 30 日三六零披露了 2019 年第一季度的财务报表，公告称公司董事及副总经理石晓虹离职，至此最初掌管安全帝国的九人队伍只剩周鸿祎一人。除此之外，三六零在经营方面也出现诸多的问题：占据营业收入大头的广告业务即将触及天花板；游戏业务不断萎缩；智能硬件业务同质化严重，未能担起推动公司增长的重任；手机业务宣

布暂停……在这样的背景下，投资者对三六零的态度也急转而下，股价从公司刚上市时的 65.51 元/股一路跌到 20 元/股。短短一年时间，三六零市值蒸发了 3 000 亿元。2019 年 6 月三六零被调出上证 50 指数，其原因可能是发行时的估值过高，流通情况不足导致股票的成交量较小，这也使得三六零的声誉受到一定的影响。内忧外困下，三六零选择发展"大安全"作为公司未来的战略方向，义无反顾地从 To C（To Customer，面向消费者）转向 To B（To Business，面向企业）和 To G（To Government，面向政府）。三六零是否能够凭借新的战略方向绝处逢生？我们将会继续关注。短短一年时间，三六零市值跌破上市当天股价的 1/3。从价值投资角度来看，我们也好奇三六零的股价是否还存在高估或是低估现象。在本章的最后，除了传统的估值方法，我们也将用大数据估值的方法进行检验。

5.1.1　公司简介

三六零创立于 2005 年，是国内成立最早和影响力最大的互联网安全公司之一。在流氓软件和电脑病毒横行的年代，周鸿祎带着他的团队通过提供免费的互联网安全服务，获得了大量忠实的客户，并开创了免费的互联网安全时代。2018 年，公司借壳江南嘉捷电梯股份有限公司成功登陆 A 股市场。

三六零致力于互联网底层安全技术的研发和互联网产品开发，通过向用户免费提供安全产品，将积累的大量用户引向广告、增值服务和智能硬件，实现商业变现，最后将商业化业务汇集的数据通过分析反过来用于对安全技术进行优化，形成一个正反馈的互联网安全生态系统。

在中国互联网协会、工信部信息中心联合发布的 2018 年中国互联网企业百强榜单中，三六零凭借优质领先的产品服务和良好的口碑，排名第九，是排名最高的 A 股上市公司和互联网安全公司。

5.1.2　发展历程

2005 年 7 月，周鸿祎和齐向东离开雅虎公司，创立了三六零的前身——北京奇虎科技有限公司（简称奇虎公司）。奇虎公司的主营业务是为广大的网上社区和论坛提供搜索功能，通过识别、分析用户的生成内容，满足客户发展的进一步需求。

2006 年 1 月和 11 月，奇虎公司相继完成 1 400 万美元的 A 轮融资和 2 500 万美元的 B 轮融资。在此期间，周鸿祎敏锐地发现互联网市场对解决流氓软件问题存在很大的需求，并把公司的发展方向从"社区搜索"转向了杀毒领域。

2008 年，三六零启用 360.cn，转为平台化运作，不仅持续推出安全产品如三六零安全浏览器、杀毒软件正式版等不断吸引新的用户，还借助安全平台不断扩展业务范围，进入软件下载、手机安全、网站导航等众多领域，用户群体从个体用户拓展到广告游戏公司、一般企业和政府。

2011 年 3 月 30 日，意气风发的周鸿祎敲开了纽约证券交易所的大门，奇虎公司正式在纽约证券交易所挂牌交易，获得了 40 倍的超额认购。2016 年 7 月 15 日，奇虎公司宣布私有化交易完成。2018 年 2 月 28 日，江南嘉捷电梯股份有限公司正式更名为三六零安全科技股份有限公司，三六零正式回归 A 股市场。

三六零一直致力于技术研发，提高杀毒技术水平，多次在全球知名反病毒机构测试中取得不俗的成绩。除了不断提高在网络安全市场的地位，三六零还将业务板块拓展到游戏、物联网、手机等领域，逐步形成了以广告、智能硬件、增值服务为主要盈利来源的生态流量体系。

凭借优质的产品服务和先进的安全技术，三六零的活跃用户呈现爆发式的增长。截至 2017 年，三六零取代瑞星和金山，成为活跃用户最多的互联网安全公司。

然而，这艘在上海证券交易所重新启航的巨轮并非一帆风顺。在 2018 年 2 月 28 日上市首日，三六零的股价一度涨到 65.67 元/股，随后跌停，收盘价为 56.92 元/股，市盈率为 114 倍。随后三六零股价一路下跌，到 2018 年 12 月 31 日，当年 EPS 为 0.53，市盈率为 38 倍，仅为上市首日的 1/3 左右。一年以内，3 000 亿元的市值全部蒸发。上市以来三六零股价变化如图 5-1 所示。

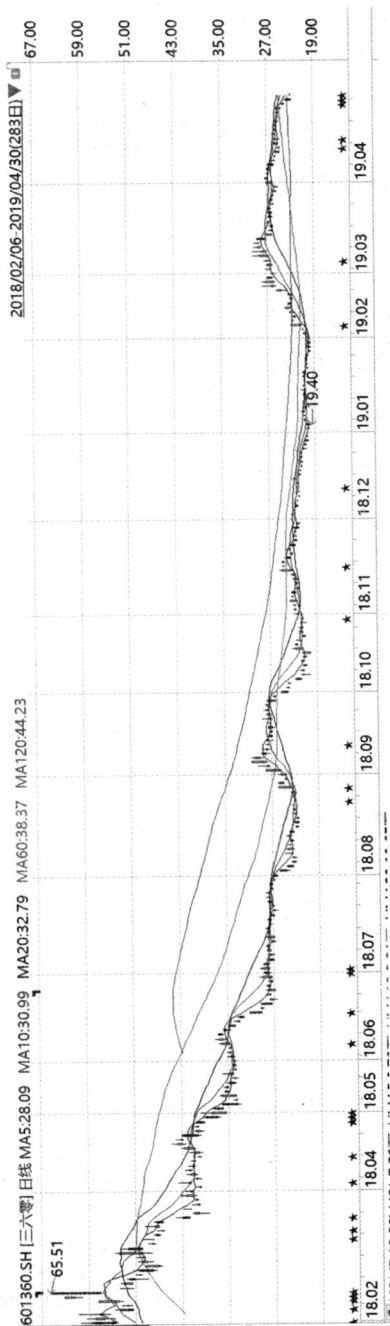

图 5-1　上市以来三六零股价变化

资料来源　Wind 数据库．

是什么使得三六零的市盈率在短短一年发生如此大的变化呢？三六零的商业模式和财务状况或许能告诉我们答案。

5.2 免费提供安全产品+用户流量商业化变现

三六零作为国内最大的互联网安全公司，引领了个人免费互联网安全服务的革命，并据此获得了大量的用户。从成立至今的 10 多年间，公司通过不断吸纳优秀的人才，一直致力于研发互联网安全技术。根据三六零 2018 年年报，截至 2018 年末，三六零申请的专利总量已经超过 12 000 件，授权专利近 42 000 件。重视技术研发，勇于开拓创新，三六零奠定了在国内 C 端互联网安全领域领先者的地位。

对于互联网企业来说，用户基础和流量是企业可持续发展的血液，通过将安全卫士、手机卫士等产品免费提供给数亿的用户，三六零开拓和积累了庞大的用户群体。根据艾瑞咨询的数据，截至 2018 年 12 月，三六零 PC 安全产品的市场占有率稳定保持第一，月活跃用户保持在 5 亿人；PC 浏览器市场同样占有巨大的市场份额，市场渗透率为 82.11%，平均月活跃用户达 4.3 亿人；移动安全产品增长迅速，移动安全产品平均月活跃用户达 4.63 亿人。

基于庞大的用户群体，三六零通过互联网广告及服务、互联网增值服务和智能硬件业务进行商业化变现，最后将商业化业务汇集的数据通过分析反过来用于安全技术的优化，形成一个正反馈的互联网安全生态系统。

如图 5-2 所示，三六零业务框架最底层的是核心技术，包括互联网核心技术和核心安全技术。其中，互联网核心技术包括网络攻防技术、大数据技术、云技术、人工智能技术等；核心安全技术包括 QVM（人工智能引擎）、物联网安全、大数据安全、漏洞研究、无线安全、沙箱技术、HIPS（基于主机的入侵防御系统）、云计算安全、系统加固等。通过核心技术的支撑，三六零研发出了丰富的信息内容产品和核心安全产品。以三六零安全卫士为代表的核心安全产品为公司提供流量，以三六零搜索为代表的信息内容产品提供用户黏性，两个部分水乳交融，最终为三大商业化板块提供源源不断的数据、用户和流量。

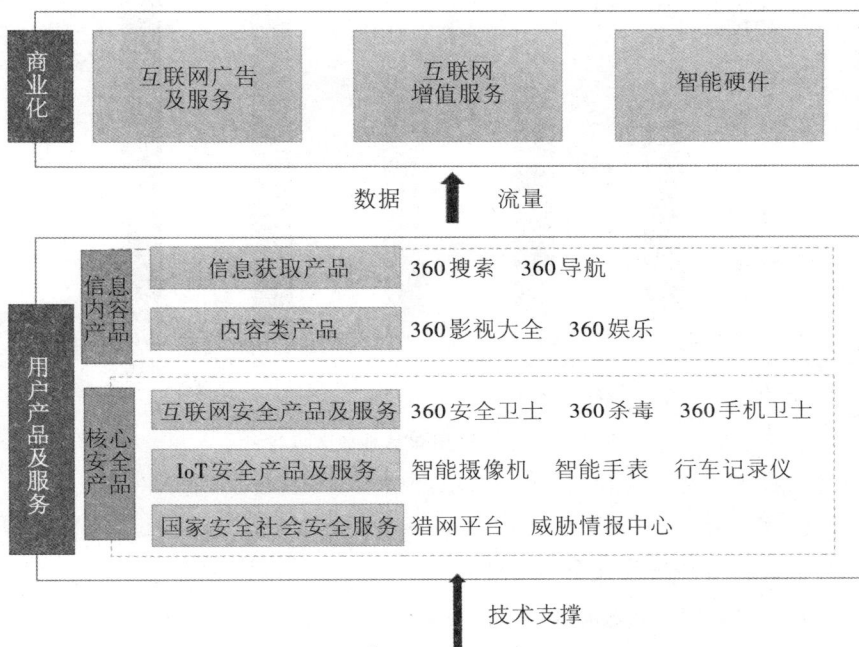

图 5-2　三六零业务框架示意图

5.3　日落西山还是破晓待啼——三六零的整体经营状况

5.3.1　营业收入持续增长，财务波动较大

从图 5-3 可以看出，三六零在过去 5 年的营业收入处于持续增长的状态，2014 年营业收入为 78.2 亿元，2017 年突破 100 亿元大关。但是增长幅度不稳定，2015 年收入增长率达到 19.66%，2017 年增长率达到 23.50%，但 2016 年和 2018 年增长率仅有 5.85% 和 7.27%。

5.3.2　营业利润和净利润波动较大

2016—2018 年三六零的营业利润持续增长，其中 2016 年、2017 年营业利润增长幅度较大，分别达到 66.51%、92.13%，如图 5-4 所示。与营业收入大幅度增长相反，2015 年三六零的营业利润同比减少 11.03%，

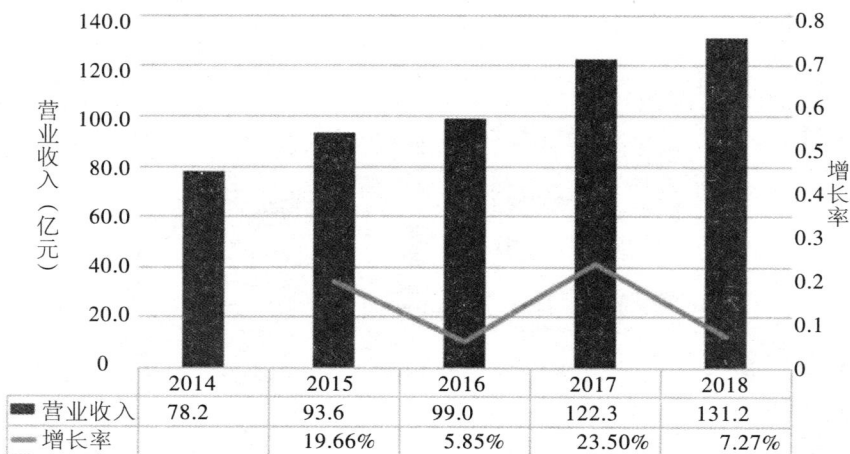

	2014	2015	2016	2017	2018
营业收入	78.2	93.6	99.0	122.3	131.2
增长率		19.66%	5.85%	23.50%	7.27%

图 5-3　三六零历年营业收入状况

　　资料来源　根据三六零年报、《江南嘉捷电梯股份有限公司重大资产出售、置换及发行股份购买资产暨关联交易报告书》整理。

其主要原因为同年公司营业成本大幅度增长，导致公司毛利下降。此外，快速扩大销售规模同时引起管理费用和销售费用的增长，使营业利润大幅降低。

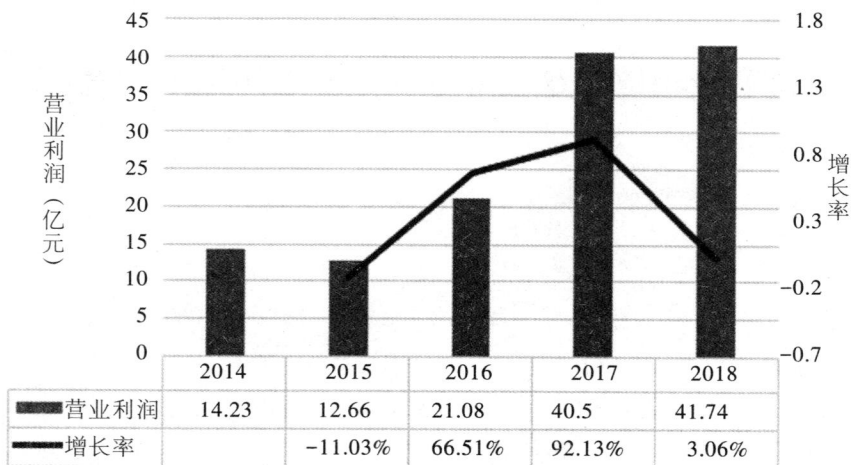

	2014	2015	2016	2017	2018
营业利润	14.23	12.66	21.08	40.5	41.74
增长率		−11.03%	66.51%	92.13%	3.06%

图 5-4　三六零历年营业利润状况

　　资料来源　根据三六零年报、《江南嘉捷电梯股份有限公司重大资产出售、置换及发行股份购买资产暨关联交易报告书》整理。

三六零净利润的增长趋势与营业利润的变化相似，2015年营业利润大幅度降低使得同年公司的净利润同比下降20.42%，如图5-5所示。2016—2018年净利润增长经历了2016—2017年的快速增长期和2018年的低速增长期。

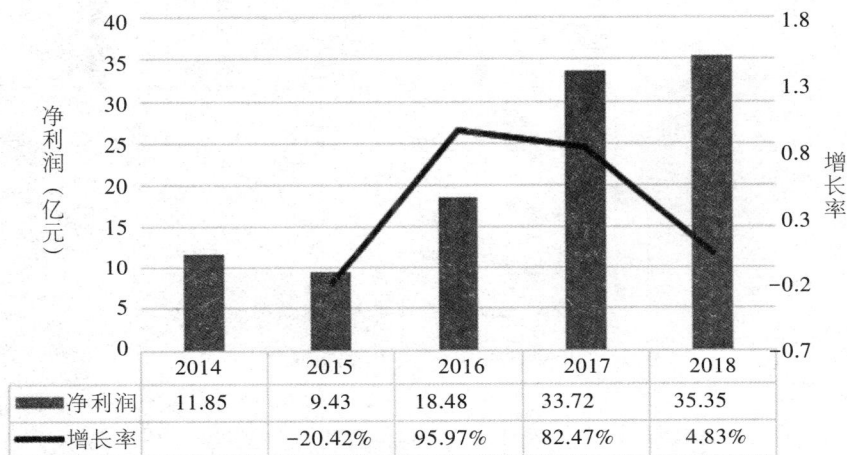

图5-5　三六零历年净利润状况

资料来源　根据三六零年报、《江南嘉捷电梯股份有限公司重大资产出售、置换及发行股份购买资产暨关联交易报告书》整理。

5.3.3　收入结构

从图5-6、图5-7可以看出，三六零的主营业务收入来源于互联网广告及服务、互联网增值服务、智能硬件业务三大板块。其中，互联网广告及服务业务占主营业务收入比例最大，目前仍处于增长的趋势。其主要原因一方面是近年广告行业的快速增长，另一方面是三六零通过积极调整互联网广告及服务的业务价格，积极提高互联网广告平台的运营效率，使得广告服务业务保持较高的毛利率和规模。截至2018年，互联网广告及服务业务收入占到主营业务收入的81.23%。由于目前三六零月度活跃用户数基本触顶，未来增长空间有限，互联网广告及服务业务难以维持可持续增长。

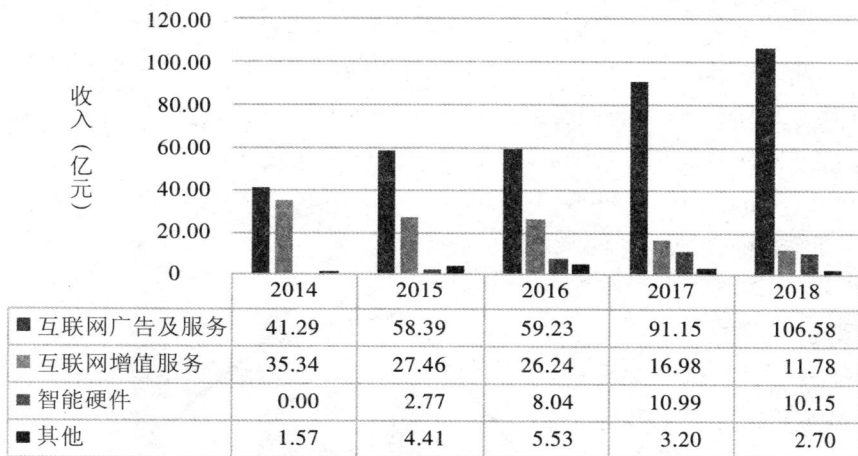

	2014	2015	2016	2017	2018
互联网广告及服务	41.29	58.39	59.23	91.15	106.58
互联网增值服务	35.34	27.46	26.24	16.98	11.78
智能硬件	0.00	2.77	8.04	10.99	10.15
其他	1.57	4.41	5.53	3.20	2.70

图 5-6　三六零各项收入历年情况

资料来源　根据三六零年报、《江南嘉捷电梯股份有限公司重大资产出售、置换及发行股份购买资产暨关联交易报告书》整理。

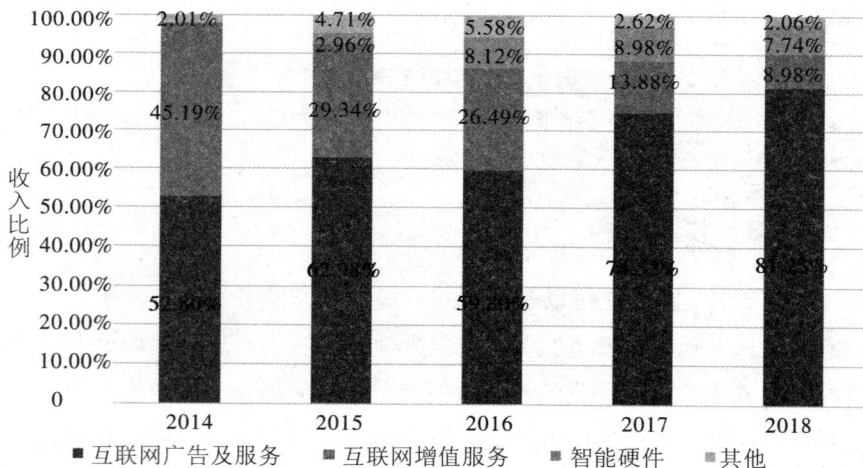

图 5-7　三六零业务收入构成

资料来源　根据三六零年报、《江南嘉捷电梯股份有限公司重大资产出售、置换及发行股份购买资产暨关联交易报告书》整理。

互联网增值业务主要为游戏业务，分为页游、手游和端游，业务规模 2014 年占到主营业务收入的 45.19%，此后便开始一路下行，到 2018 年只占到 8.98%。页游在手游崛起的影响下，逐渐走向衰落。而手游方面，受到腾讯、网易等公司垄断的影响，三六零单靠现在的渠道似乎难以在短期内出现爆发式增长。端游方面，Steam 的布局已占据主要市场，对三六零形成较大威胁。受到市场竞争和渠道的限制，三六零游戏业务的低迷状态短期内很难改变。

报告期内，三六零在售的主要智能硬件产品包括智能安全路由器、智能摄像机、行车记录仪、扫地机器人、智能儿童手表、智能门锁、可视门铃等，产品以线上销售为主。相对于小米，三六零的智能硬件产品种类单一，且同质性产品较多，科技含量较低。由于这类产品研发周期长，短期内出现突破性增长的可能性较小，但由于该部分业务收入占主营业务收入的比例较少，对未来公司利润增长的影响较小。

5.3.4　经营状况小结

三六零营业收入的增长在过去几年波动较大，一方面反映了公司的盈利能力不够稳定，另一方面也体现出公司近年来战略方向不断改变对公司业绩产生影响。与其他可比互联网公司相比，三六零在广告方面的盈利能力优势较大，但是在其他业务板块增长乏力的情况下，从广告上获得的收益毕竟是有限的。

5.4　"三驾马车"能否拉动三六零继续向前

三六零的经营模式和其他互联网公司有所不同，用一句话概括就是"获取用户+商业化变现"。和国内其他收费的互联网安全公司不同，三六零的绝大多数安全产品对于个体用户都是免费提供的，凭借优质的服务，三六零抓住先机得以迅速积累大量用户，进而实现商业化变现。

图 5-8 中的数据选自 Wind 数据库，2011 年三六零月活跃用户数突破 3 亿人。截至 2018 年 12 月，三六零 PC 安全产品的市场渗透率达到96.89%，平均月活跃用户数达到 5 亿人以上。可以说，三六零已经垄断个人互联网安全市场。

三六零通过提供免费安全服务，一马当先获取了庞大的用户群体，并通过三种主要的方式进行商业化变现。

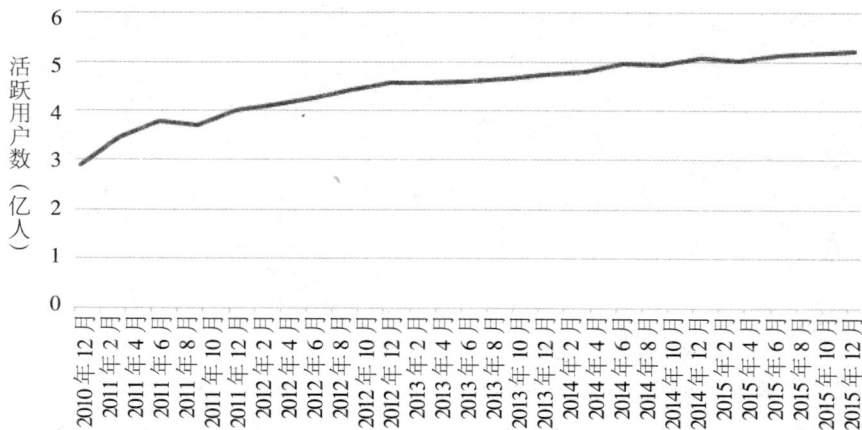

图 5-8　三六零历年月活跃用户数

资料来源　根据 Wind 数据库整理。

5.4.1　广告模式

广告模式是互联网商业化的主要模式之一。互联网公司积聚的用户规模越大，其广告平台的价值就越明显。广告平台直接或间接通过广告代理商与互联网企业进行商业合作获得盈利。

凭借庞大的用户规模，三六零在广告业务上获得了巨额的收益。三六零 2018 年年报披露，互联网广告及服务收入达到 106.58 亿元，占到公司总收入的 81.18%。与其他互联网公司的广告业务不同，三六零通过提供免费互联网安全产品进行商业化转换，主要用户流量来自自身的互联网安全等相关产品，外部内容采购成本、流量采购成本等占比较小，因此毛利率相对于其他公司来说更高，开展广告业务的优势更强。

由于上市公司中尚未有与三六零产品类别和业务结构类似的上市公司，因此本章选取的主要是《江南嘉捷电梯股份有限公司重大资产出售、置换及发行股份购买资产暨关联交易报告书》（以下简称《报告书》）中选取的业务可比公司——腾讯、搜狐和网易，其具体收入情况见表 5-1。图 5-9 中的数据选自 Wind 数据库，可以看到随着互联网企业竞争的加剧，4 家公司广告业务的毛利率都处于下降的状态，但是相比另外 3 家企业，三六零广告业务的毛利率明显要高，具有领先的优势。

表 5-1　可比公司业务收入情况

单位：亿元

公司	项　目	2014 年		2015 年		2016 年		2017 年		2018 年	
腾讯	互联网网增值服务	633.1	80.21%	806.7	78.42%	1 078.1	70.96%	1 539.8	64.76%	1 746.4	55.85%
	网络广告	83.1	10.53%	174.7	16.98%	269.7	17.75%	404.4	17.01%	580.8	18.58%
	电子商务服务	47.5	6.02%								
	其他	25.6	3.24%	47.3	4.60%	171.6	11.29%	433.4	18.23%	799.7	25.57%
	合计	789.3	100.00%	1 028.7	100.00%	1 519.4	100.00%	2 377.6	100.00%	3 126.9	100.00%
百度	互联网营销	485	98.86%	640.4	96.47%	645.3	91.47%	731.5	86.25%	819.1	80.08%
	其他服务	5.6	1.14%	23.4	3.53%	60.2	8.53%	116.6	13.75%	203.7	19.92%
	总计	490.6	100.00%	663.8	100.00%	705.5	100.00%	848.1	100.00%	1 022.8	100.00%
搜狐	网络游戏	39.9	38.96%	41.4	32.91%	27.5	24.02%	29.4	24.16%	26.8	20.73%
	网络广告	55	53.71%	72.5	57.63%	72.5	63.32%	72.9	59.90%	86.1	66.59%
	移动业务										
	无线通信及其他业务	7.5	7.32%	11.9	9.46%	14.5	12.66%	19.4	15.94%	16.4	12.68%
	总计	102.4	100.00%	125.8	100.00%	114.5	100.00%	121.7	100.00%	129.3	100.00%

资料来源　根据 Wind 数据库整理。

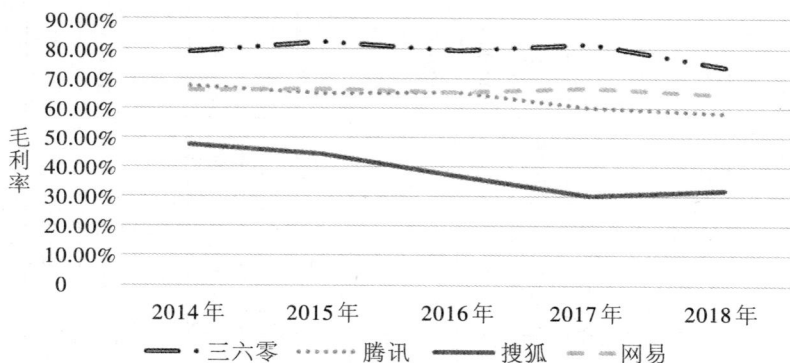

图 5-9　可比公司互联网广告毛利率对比

资料来源　根据 Wind 数据库整理。

　　依靠丰富的用户资源，三六零不断拓展广告业务，从图 5-10 来看，2014—2018 年其收入总量逐步提高，互联网广告收入占总收入的比例也逐渐提高，成为维持公司发展的支柱板块。

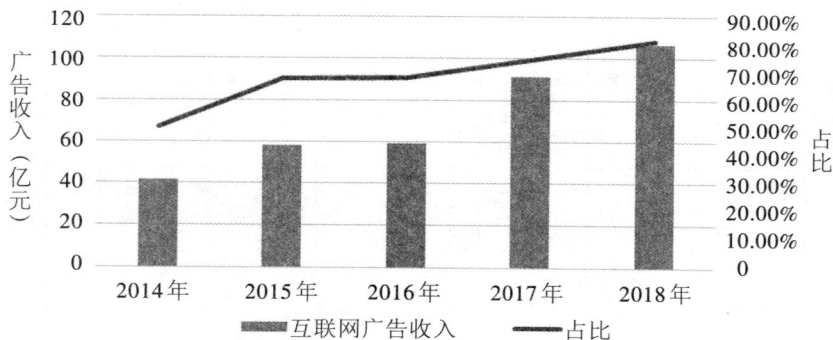

图 5-10　三六零互联网广告历年收入及占比

资料来源　根据 Wind 数据库、《江南嘉捷电梯股份有限公司重大资产出售、置换及发行股份购买资产暨关联交易报告书》整理。

5.4.2　互联网增值服务

　　三六零通过免费的产品获得大量的用户流量，并将这部分流量引入互联网增值服务。目前三六零所提供的增值服务主要是互联网游戏运营服务。

　　三六零在整个互联网游戏产业链中主要担任的是网络游戏平台角色。首先，游戏用户需要在三六零游戏平台进行用户注册；其次，用户通过支付渠道在三六零平台充值之后，资金进入三六零。最后，三六零根据与游戏开发商、发行商约定的分成比例进行收入分配。

游戏平台中移动端主要有"三六零手机助手""三六零游戏大厅"，页游和端游主要包括"wan.360.cn""youxi.com"。凭借三六零浏览器、三六零手机助手等优势渠道资源，三六零游戏迅速崛起，成为国内实力较强的游戏分发渠道及发行平台。

与互联网广告的惊人收入相反，三六零公司的游戏业务业绩平平。2013—2017年间，三六零游戏先后推出了如《植物大战僵尸2》《幻城》《我是大主宰》等成功的游戏，但随着渠道和发行上受到挤压，营业收入也逐渐下滑。

查阅相关资料（见表5-2、表5-3）可知，2014—2016年三六零的手游业务增长较为稳定，但是月均活跃用户数在2016年有所下降。页游板块整体处于萎缩的趋势，公司收入和月均活跃用户数持续下降，这主要是因为行业整体发展情况不佳导致页游盈利的空间较小。在端游方面，三六零开展业务的时间较短，2016年才成立专职团队。2014年、2015年、2016年，端游业务收入金额分别为597.76万元、1 642.03万元、696.99万元，并不尽如人意。

表5-2 三六零手游业务运营指标

年　份	营业收入 （万元）	月均付费用户数 （万人）	月均活跃用户数 （万人）	月均ARPU （元）
2014年	96 358.00	76.83	1 040.62	16.51
2015年	145 824.00	80.70	1 194.60	20.68
2016年	160 338.00	80.74	1 123.75	22.18

注：月均ARPU为当年各月ARPU的算数平均值。其中，ARPU=月流水÷月活跃用户数。三六零游戏细分行业的公开信息只披露到2016年，无法获取2017年及以后的数据；手游数据类似。

资料来源　根据《江南嘉捷电梯股份有限公司重大资产出售、置换及发行股份购买资产暨关联交易报告书》整理。

表 5-3   三六零页游业务运营指标

年 份	营业收入 （万元）	月均付费用户数 （万人）	月均活跃用户数 （万人）	月均ARPU （元）
2014年	198 205.00	30.28	671.34	24.28
2015年	119 375.00	27.27	519.72	25.51
2016年	99 328.00	23.89	414.68	27.22

资料来源　根据《江南嘉捷电梯股份有限公司重大资产出售、置换及发行股份购买资产暨关联交易报告书》整理。

对于游戏板块业绩的下滑，三六零曾在《报告书》中表示，页游市场整体处于萎缩的趋势，受到行业整体趋势的影响，公司收入和月活跃用户数持续下降，页游盈利的空间较小，如图 5-11 所示。手游板块的业绩下滑是由游戏开发商针对市场行情调整了运营策略、待发行游戏储备较少，且市场爆款游戏较少导致。

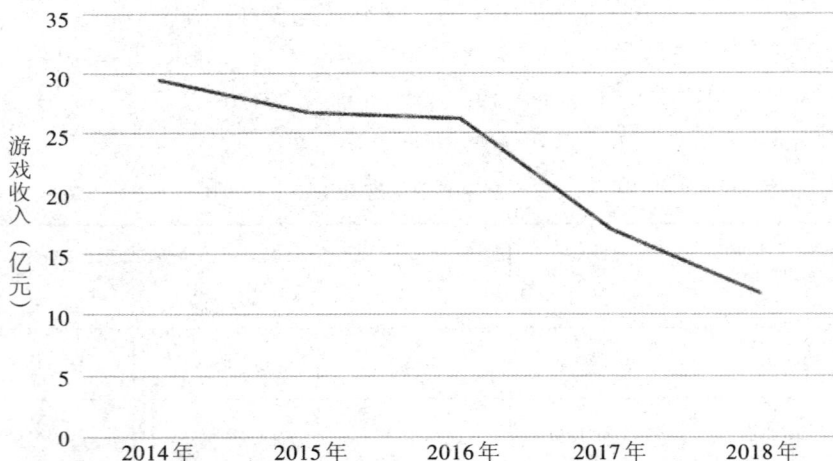

图 5-11　三六零游戏板块历年收入

资料来源　根据 Wind 数据库、《江南嘉捷电梯股份有限公司重大资产出售、置换及发行股份购买资产暨关联交易报告书》整理。

事实上，2017 年手游市场发展迅猛。中国音像与数字出版协会游戏出版工作委员会发布的《2017 年中国游戏产业报告》显示，中国手游市场的实际销售收入为 1 161.2 亿元，同比增长 41.7%，其中腾讯

2017 年游戏收入为 978.83 亿元，同比增长 38%，2018 年游戏收入为 1 284 亿元，同比增长 31%。

相比而言，三六零的游戏板块劣势已经相当明显。2019 年 4 月 9 日，三六零发布公告称，三六零游戏将与军事游戏开发商 Wargaming 达成战略合作，意在扭转颓势。但是从目前三六零在市场上的影响力来看，只凭借与一个游戏开发商的合作是远远不够的。随着腾讯、网易等游戏巨头的崛起，想在游戏市场占有一席之地，还要注重提高游戏的品质。

5.4.3　产品售卖模式

三六零的产品售卖模式主要是针对智能硬件产品。作为三六零战略布局的重要部分，智能硬件产品是对三六零安全生态系统的有力拓展。随着智能硬件产品、智能家居的发展，万物互联时代已经到来。互联网暴露增加导致网络安全攻击面不断扩大，互联网的整体防护难度将会大大增加。三六零对智能硬件领域进行重点布局，产品集中在车联网安全、智能硬件安全、工业互联网安全、无线电安全方面，目前其智能硬件产品的售卖方式主要是在线上通过天猫等平台进行售卖。

与《报告书》和年报上的丰满愿望相比，现实显得异常骨感。物联网作为三六零的战略发展方向之一，2014—2018 年的营业收入占比未超过 10%（见图 5-12），毛利率最高仅达到 20%，远低于物联网行业平均水平。而且，三六零主要的物联网产品是手表、行车记录仪等，产品单一，市场同质性较强，缺乏核心竞争力，因此毛利率较低。反观物联网业务发展较好的小米，其产品覆盖面广且价格亲民，通过 App 可以进行统一控制。一方面，基本娴熟的硬件功底能够保证产品质量；另一方面，整个供应链上下游的整合能够充分发挥成本优势，保证远低于市场同类产品的销售价格。

在 2018 年北京通信展览会上发布的中国物联网企业 100 强名单中，华为、中国电信、阿里巴巴分别位于第 1、2、3 位，三六零仅排在第 28 位，足见其在物联网市场的地位并不高。

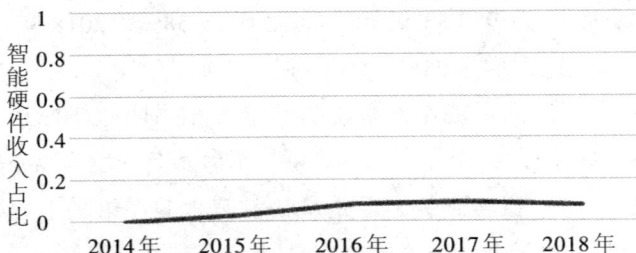

图 5-12   三六零智能硬件板块历年收入占比

资料来源   根据 Wind 数据库、《江南嘉捷电梯股份有限公司重大资产出售、置换及发行股份购买资产暨关联交易报告书》整理。

5.4.4   政企安全——带来希望还是下一个失望

奇安信曾经是三六零的子公司，国内政企安全的代表企业之一，主要负责向企业提供互联网安全产品的业务。2019 年 4 月 12 日，三六零发布公告，转让手中奇安信的全部股权，在经过 36 个月的过渡期后，双方将终止使用彼此的数据、专利和技术。曾经一起奋斗的老战友周鸿祎和齐向东，从这一刻起从合作转向竞争。

"大安全"已是大势所趋，网络安全不再仅仅为个人服务，更是上升到国家的战略高度，成为一个强大国家的重要组成部分。互联网威胁不仅仅体现在损害个人网络层面，而是涵盖了交通安全、企业安全、社会安全、军事安全等。这对互联网安全公司提出了新的要求，互联网安全公司要能够利用大数据、人工智能技术为企业、国家提供全面安全保障服务。IDC 数据显示，2017 年中国网络信息安全市场规模达到 48.73 亿美元，预计 2018—2022 年网络信息安全市场的复合增长率将达到 23.8%。在互联信息安全行业高速发展的背景下，"分家"后的三六零将全面布局大安全业务。发展政企安全成为三六零新的战略发展方向和收入增长点。

2016 年 7 月 27 日，周鸿祎、奇信通达与齐向东、奇安信签订了《关于三六零企业安全业务之框架协议》等相关协议，约定周鸿祎及其控制企业主要从事个人互联网安全服务，齐向东及其控制企业（奇安信）主要负责向企业提供互联网安全业务，两家公司共同负责面向国家、军队的相关的非销售性安全业务。奇安信于 2014 年注册成立，经过 5 年发展已成长为政企安全服务行业的领军企业。IDC 发布的《2018 年中国威胁情报安全服务市场研究报告》显示，奇安信的产品和行业影响力都处于行业领先地位。从年报的数据看，2016—2018 年，奇安信的营业收入从 6.56 亿元增长至 23.94 亿元，呈现快速增长的趋势，但是 2018 年奇安信的净利润为-1.58 亿元，仍未摆脱亏损的状态。

三六零重新进入政企安全市场，这一方面是顺势而为，另一方面是在过去 10 多年的互联网安全经营中，三六零积累了大量的宝贵数据、专利技术、优秀的人才和庞大的用户规模，良好的品牌和口碑也对三六零进军企业市场大有裨益。2018 年 5 月，三六零开始全面布局分布式智能安全系统——三六零安全大脑，通过"IMABCDE"（"I"指 IoT 智能感知、"M"指移动通信、"A"指人工智能、"B"指区块链、"C"指云计算、"D"指大数据、"E"指边缘计算）等核心技术，全面保障国家、城市和家庭的安全，并将保护网进一步辐射到工业互联网、车联网、物联网等领域，形成万物互联的安全生态系统。2019 年 6 月 26 日，三六零获得分家之后首个政企大单，中标金额为 2.395 亿元，核心项目为建设城市安全大脑、网络安全人才培养基地、大数据协同安全技术国家工程实验室。但是，企业安全业务前期需要大量的并购投资，新产品研发周期长、投资消耗大，对比已成为行业代表的奇安信经过 5 年的发展尚未盈利，三六零在企业安全板块短期内难以扭亏为盈，未来发展潜力如何还需进一步观察。

5.4.5　小结

从目前的经营情况来看，由于游戏、物联网板块业绩下滑，三六零的安全生态系统的商业变现模式主要依靠广告收入。随着用户规模触顶，三六零在现行的商业模式下只能通过优化搜索系统提高广告的传播范围，维持公司业绩的增长。现阶段公司依靠单一板块盈利，当市场波动时，公司难以分散风险。目前三六零的发展战略为进军政企安全领域，由于该领域前期投入大，研发周期长，短期难以对利润产生有利影响，未来发展存在不确定性。

5.5 剩余收益法估值

本节我们应用剩余收益模型对三六零进行估值。剩余收益模型的核心是对资本成本的估计和对未来现金流的估计。

第一步，运用 CAPM 计算权益资本成本 r_E，公式在前面的章节都有涉及。其中，无风险利率 r_f 取一年期定期存款利率 1.50%，市场收益率 r_M 取沪深 300 指数平均收益率 7.12%，β 系数取 Wind 数据库计算的值，即 1.2312。计算得到权益资本成本为 8.42%。

第二步，获取每股盈余（EPS）的预测数据。表 5-4 中 2018 年的数据是从三六零年报中获取并计算的。2019—2021 年，三六零每股盈余（EPS）的预测数据来源于 Wind 数据库分析师提供的预测结果。2018 年每股分红（DPS）数据取自年报，2019—2021 年每股净资产（BPS）预测数据由 2018 年的股利比率（DPS/EPS）计算得出。

表 5-4 　　　　　　　　　　　　**剩余收益模型估值** 　　　　　　金额单位：元

年　份	2017	2018	2019E	2020E	2021E
EPS	1.69	0.52	0.75	0.75	0.97
DPS		0.003	0.004	0.004	0.005
BPS		3.55	4.296	5.042	6.007
ROCE			0.211	0.175	0.192
RE			0.451	0.388	0.545
折现因子			1.084	1.175	1.274
RE 现值			0.922	0.851	0.785
RE 总现值		2.558			
持续价值					7.425
持续价值现值		5.826			
每股价值		11.933			

第三步，根据 EPS 预测值，我们计算预测期内的 BPS。当年的每股净资产等于上年的每股净资产加上每股收益，再减去每股分红。每期计算结果见表 5-4 第四行。

第四步，普通股股东权益收益率（Return on Common Equity，ROCE），通过每股收益除以每股净资产可以得到。每期计算结果见表 5-4 第五行。

第五步，剩余收益等于每股净资产乘以每股收益超出必要报酬率，由此计算出 2019—2021 年的剩余收益（RE）。每期计算结果见表 5-4 第六行。

第六步，将未来的剩余收益用折现因子折现，计算出 2019—2021 年的 RE 现值和 2019—2021 年的 RE 总现值。计算结果为 2.558。

第七步，计算 2022 年及之后持续期剩余收益在 2021 年的价值。三六零 2010 年进入高速发展期，目前已进入成熟的发展阶段，其主营业务中广告服务、互联网增值服务和智能硬件服务受到市场竞争和技术限制，预计 2021 年后难以有突破性增长。假设从 2021 年起，三六零的剩余收益持续增长率为 1%（g=1%），计算结果为 7.425。

第八步，将 2021 年得到的持续价值折现到 2018 年，结果为 5.826。

第九步，将 2018 年的 BPS、2019—2021 年的剩余收益现值、2022 年及以后的持续剩余收益的现值加总得到三六零在 2018 年的估值为 11.93 元/股。

对于一家互联网公司来说，资本成本低于 10% 是罕见的。其原因主要是三六零作为一家 2000 年就具有较完善商业模式的公司，当前已基本进入成熟的阶段，在投资人眼里对三六零进行投资的风险较大，从而导致资本成本变小。

资本成本和剩余收益未来增长率根据公司未来发展情况和投资者对公司看法的不同而不同。不同的投资者，其风险承受力不同，安全边际也是不同的，因此我们有必要对三六零的估值做敏感性分析。表 5-5 中第一行代表不同的永续增长率，第一列表示资本成本。2019 年 5 月 21 日三六零的股价是 21.12 元/股。结合表 5-5 可知，在 g=3%，资本成本不变的情况下，三六零的估值最高为 14.75 元/股，与目前股价相比差距依然很大，这说明市场存在较高水平的高估。阴影部分显示，如果公司估值高于股价，可持续增长率要大于等于 4%，资本成本要小于等于 7.92%。

表 5-5 　　　　　　　　　　　**估值敏感性分析** 　　　　　　　　 单位：元/股

增长速度 资本成本	g=1%	g=2%	g=3%	g=4%	g=5%
r+1.5%	10.28	10.89	11.67	12.71	14.18
r+1%	10.86	11.58	12.59	13.83	15.72
r+0.5%	10.72	12.38	13.54	14.19	17.17
r=8.42%	12.25	12.31	14.75	16.85	20.18
r−0.5%	13.10	13.96	16.21	18.95	23.58
r−1%	14.10	15.70	18.00	21.68	28.38
r−1.5%	15.26	17.26	20.27	25.35	31.71

5.6　网络价值评估：梅特卡夫定律估值法

与微博、拼多多等互联网公司不同，三六零的产品体系基本不具备社交性质，那为什么三六零可以作为一家互联网公司而适用梅特卡夫估值法呢？我们认为三六零的互联网安全生态系统主要由三部分组成——技术部分、用户产品与服务部分、商业化部分。随着活跃用户的增加，信息内容产品将获取到更丰富的用户信息，从而促进核心安全产品的研发和完善，进而优化核心技术，提供更好的商业化服务，通过这种正反馈，提升公司的价值。

基于梅特卡夫定律，我们检验三六零的企业价值与用户数量之间的关系（见表 5-6）。考虑到三六零 2018 年初上市，故采用 2012—2015 年的相关数据。为了保证足够的数据量，时期以季度作为划分。企业价值通过三六零每季度的股价均值表示，以人民币计价，用户数采用的是三六零每个时期财务报告公布的月活跃用户数（MAU），单位为百万人。

表 5-6   **梅特卡夫定律估值法相关数据**

季 度	MAU（百万人）	股价（元/股）
2012 年 3 月	411	10.63
2012 年 6 月	425	10.75
2012 年 9 月	442	9.84
2012 年 12 月	456	10.20
2013 年 3 月	457	12.97
2013 年 6 月	461	6.78
2013 年 9 月	465	8.51
2013 年 12 月	475	8.16
2014 年 3 月	479	7.89
2014 年 6 月	496	7.37
2014 年 9 月	495	10.07
2014 年 12 月	509	9.45
2015 年 3 月	503	14.81
2015 年 6 月	514	18.71
2015 年 12 月	523	15.68

将三六零 2012—2015 年各季度的每期股价均值与月活跃用户数的二次方做回归分析，得到如下拟合回归方程：

$$V=4.94MAU^2$$

检验结果显示，股价与月活跃用户数的二次方存在显著的正相关关系。另外，R^2 值为 0.87，解释力度较大。随后，把 2018 年第四季度三六零的用户数代入回归方程，得到股价为 12.59 元/股，低于 2018 年 12 月的实际股价。因此，梅特卡夫定律的网络价值评估也说明市场对三六零存在高估现象。

5.7 案例小结

　　无论是从传统的剩余收益模型进行估值还是通过梅特卡夫定律进行估值，三六零的股价都存在明显的高估现象，根据股价的均值回归特性，三六零股价将处于下降的趋势，直到回归它的内在价值。为了寻求新的增长，在借壳上市后，三六零的战略规划多次发生改变，但是改变的结果并没有使投资者满意。

　　不论是游戏板块的创新、物联网板块的投入，三六零始终没有给我们带来惊喜，而三六零这次向政企安全板块的投入是否可以给我们交上一份满意的答卷呢？让我们拭目以待。

第6章 阅文集团能否破茧重生

——从付费阅读到内容全周期运营

6.1 高调出道，誓做网络文学领头羊

2015年3月，网络文学界传出了一件令老网民们振奋不已的"大事"：腾讯文学和盛大文学将合并成阅文集团，新公司将是中国最大的网络阅读平台。

阅文集团就像含着金钥匙出生，两大平台强强联手，使得阅文集团一经成立便拥有令别人艳羡不已的资源。老网民们耳熟能详的起点中文网、创世中文网等网络原创与阅读品牌是它的；中智博文、华文天下、榕树下等图书出版及发行品牌是它的；天方听书网、懒人听书等音频听书品牌也都是它。如此出身，是否就能从此一飞冲天，领跑中国网络文学行业的发展呢？

从阅文集团2017年在香港上市时公布的招股说明书中，我们能看

到其对自己的定位："阅文集团是一家连接作家、读者和内容改编合作伙伴的网络文学平台，并通过大量文学内容的变现产生收益。"阅文集团的商业模式将在下文详细介绍，但总的来说，2017 年的阅文集团，与传统的网络小说平台无异，就是一个作者生产内容、读者消费内容的聚集地。

如今，阅文集团的移动阅读 App 产品线十分强大，其中 QQ 阅读 App 和起点读书 App 撑起了半壁江山。阅文集团在移动阅读市场可谓绝对龙头，根据 36 氪对腾讯互娱高级产品经理沈小喵的采访，2018 年阅文集团移动阅读市场份额占比高达 40%，排名第一，远高于第二名掌阅科技 24% 的占比[①]。

阅文集团在网络文学领域的领先地位体现在方方面面。阅文集团 2018 年年报披露，其平台产品的平均月活跃用户数达 2.315 亿人。掌阅科技 2018 年年报披露，其平均月活跃用户数达 1.2 亿人。从月活跃用户数来看，阅文集团是掌阅科技的两倍，遥遥领先。阅文集团在文学作品上的积淀十分深厚，拥有版权的作品质量高。在 2018 年底的网络文学百度搜索排名中，阅文集团囊括了排名前 30 的网络文学作品中的 25 部。胡润研究院发布的《2018 猫片·胡润原创文学 IP 价值榜》中，IP 价值排在前 5 名的作品，无一不是阅文集团旗下平台的作品。

成立不到两年，阅文集团于 2017 年 11 月 8 日在香港交易所挂牌上市，股市开盘即上涨 63%，每股股价达 90 港元，市值达 816 亿港元。2019 年 7 月 31 日，阅文集团股价为每股 31.55 港元，市值约为 250 亿港元。

6.2 阅文火速上市，估值近千亿元

阅文集团的前身是腾讯文学。2013 年 9 月，腾讯互娱宣布设立腾讯文学，将其作为四大实体业务之一。腾讯文学成立之后发展迅速，在

---

① 六度智囊.巨头已定，格局已成？解读移动阅读下半场［EB/OL］.［2019-10-30］. https://36kr.com/p/5170604.

2014年腾讯互娱年度发布会上，腾讯文学宣布将以子公司形式独立运营，不再归属腾讯互娱旗下。

2014年11月，腾讯集团以50亿元收购盛大文学，此后腾讯文学与盛大文学合并。实际上，阅文集团的成立是为了整合腾讯文学与盛大文学。有意思的是，阅文集团的管理团队大部分是起点中文网的旧将，而起点中文网是盛大文学早在2004年收购的，这也就是说，虽然腾讯出资收购了盛大文学，但是任命盛大文学的管理团队来运营新的公司，可见起点中文网在中国网络文学界之"霸主"地位。

在2015腾讯互娱年度发布会上，阅文集团CEO吴文辉宣布："腾讯文学与盛大文学已经完成整合，阅文集团正式成立，它的定位是中国正版数字阅读平台和文学IP培育平台。"

在阅文集团上市当天，CEO吴文辉说："做一个什么书都有、所有人都可以来阅读的数字图书馆，这件事阅文已经做得差不多了，我希望阅文不仅仅有小说，还可以有其他形式的内容，这个目标现在正在实现。"吴文辉提到的新目标并非秘密，阅文集团在香港交易所提交的公开发行股份说明书透露了这个目标。其上市募集到的资金，将有以下几个用途：拓展在线阅读业务、进行战略收购以及改编自有的网络文学作品。从资金的用途我们不难发现，继数字图书馆之后，阅文的目标是对自有的网络文学作品进行全方位的开发。

2018年3月19日，阅文集团发布2017年全年业绩，成绩斐然。数据显示，2017年营业收入为40.95亿元，同比增长60.2%；净利润为5.56亿元，同比增长1 416%。营业收入和净利润同时增长，发展势头强劲。

2018年8月13日，阅文集团发布公告称将以不超过155亿元的价格收购新丽传媒100%股权。新丽传媒系国内知名的电视剧、网络剧和电影制作公司。2018年10月31日，阅文集团发布公告宣布正式完成该收购。阅文集团此举是纵向一体化的战略布局的体现，此次收购将帮助阅文集团完善IP业务结构，将自身内容实力向产业链下游延展。

2019年4月9日，阅文集团发布2018年全年业绩。数据显示，阅文集团2018年营业收入为50.4亿元，同比增长23%；净利润为9.1亿元，同比增长64%。

6.3 网络小说是一门什么样的生意

　　如果用一句话来形容阅文集团所在的网络文学行业，那就是：13亿多人口的国家，4亿人看小说。图6-1是截取自阅文集团招股说明书中的数据，中国网络文学用户将在2019年突破4亿人。在用户构成上，70%的用户年龄在30岁以下。

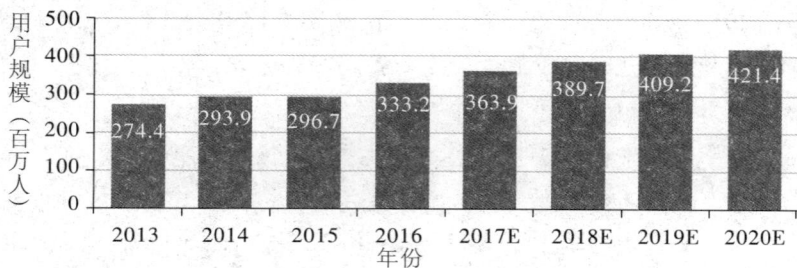

图6-1　中国网络文学用户规模

资料来源　根据阅文集团招股说明书整理。

　　如图6-2所示，中国网络文学市场规模在近几年的复合年增长率高达30.9%，其中的关键驱动因素是移动设备的普及。移动设备的普及完美契合了人们对移动化、碎片化阅读的需求，让手机成为最好的移动阅读终端。

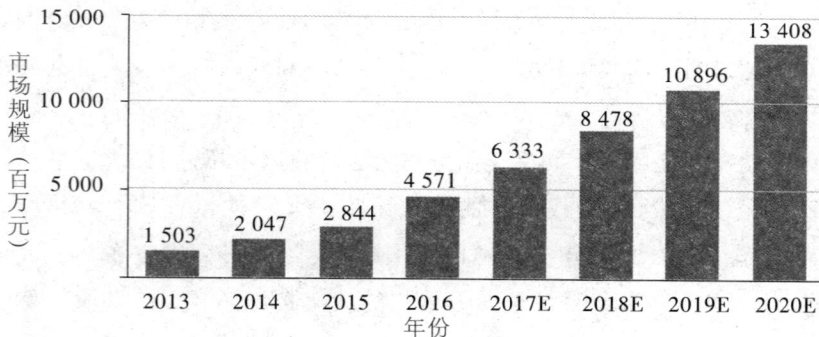

图6-2　中国网络文学市场规模

资料来源　根据阅文集团招股说明书整理。

"内容"二字便是阅文集团商业模式的核心。阅文集团在其招股说明书中对商业模式的阐述是"内容生命周期的管理"。说到底，阅文集团经营的是IP生意。阅文集团参与"内容"的方方面面，从生产内容到管理内容，再到后续的开发衍生业务，阅文集团对"内容"进行了跟踪式的全程管理。对于阅文集团而言，只有将每一个IP的价值开发到底，挖掘完最后一分的价值，才能从中得到最大的收益，而这恰恰就是在考验其"内容生命周期"的管理水平。

文学平台上的参与者被阅文集团分成三种：作家、读者、内容改编伙伴。对于作家来说，阅文集团是流量巨头，将作品发表在阅文集团的平台上更容易被读者看到。对于读者来说，阅文集团是最大最全的网络文学图书馆。对于内容改编伙伴来说，阅文集团的作品内容数量庞大，可谓"取之不尽，用之不竭"。

图6-3是阅文集团在招股说明书中对自我商业模式的剖析。作家、读者、内容改编伙伴三者相互联结成圈。圆圈中的主体是阅文集团，通过这一主体，作家、读者、内容改编伙伴三者间产生了联系。例如：阅文集团作为管理内容的平台方，连接作家和内容改编伙伴；阅文集团通过提供互动平台，促进作家与读者进行互动，更有利于优质原创内容的诞生；依托读者与内容改编伙伴，阅文集团能够对内容进行衍生开发，比如2017年的国产动画爆款《全职高手》，其原版小说版权归属于阅文集团，阅文集团联合企鹅影视、东申影业、bilibili将小说开发成动画，并且在后续运营中联合麦当劳推出了《全职高手》相关的周边产品，对《全职高手》这个优质IP完成了深度开发。

"内容生命周期的管理"可以分为不同阶段。在内容管理的初期，阅文集团要做的就是尽早发掘好作家，提早买断版权，抢占稀有资源。而在发掘好作家这一步，作为流量最大的平台，阅文集团拥有丰沛的数据，更容易监测到好作家的诞生。在内容管理的中期，主要是向读者提供收费阅读服务，持续从知识产权中获取价值。而到了内容管理的后期，就需要对内容进行更加深度的运营和管理，如知识产权运作等。

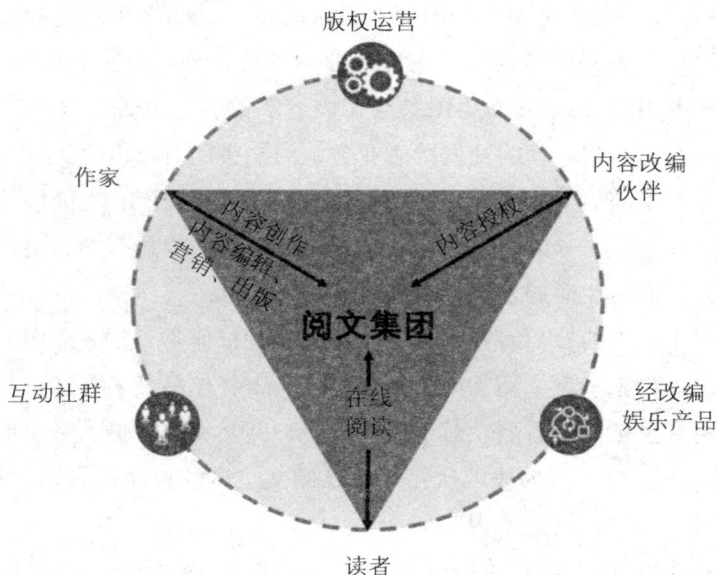

图6-3 阅文集团商业模式

目前，阅文集团的主要收入仍来自付费阅读。每位新用户都能免费阅读每部文学作品的前几个章节，之后的内容是收费的：每十万字5元钱。用户也可以选择开通阅读的包月服务，安卓和iOS系统手机用户包月分别为10元和12元。用户开通包月服务后，可以不限字数地阅读内容库里的特定作品。阅文集团将其庞大的作家池和版权库与腾讯庞大的用户群和成熟的渠道结合在一起，使用户不断增长，公司近三年营业收入的复合增长率高达40%[①]。

获取了足够多的版权资源，再加上精细运营就能稳坐钓鱼台了吗？那倒未必，从互联网企业诞生的第一天起，"免费"二字就深深地嵌入了互联网企业的基因当中。2018年下半年以来，免费阅读的App迅速兴起。其中，以米读小说和连尚免费读书为代表的App，以免费阅读正版小说为吸引点，使用户数量在短时间内迅速走高，在阅文集团一家独大的网络文学市场里拼出了一条"血路"。2018年5月，趣头条推出米读小说，主打免费读书。2019年3月趣头条公布的财报显示，米读小说

---

① 数据来源于阅文集团年报。

的日活跃用户数已突破500万人，虽然与阅文集团比还不在一个量级，但用户量的迅猛增长说明了免费阅读的吸引力。2018年阅文集团营业收入同比增长23%，增速较2017年的60%明显下滑，主要原因为平均月付费用户数下挫及付费率降低，这其中少不了免费阅读兴起的影响。

面对来势汹汹的免费阅读，阅文集团也做出了应对。在2018年年报中，阅文集团提到，计划在2019年第二季度推出自有免费模式阅读产品，并联合QQ浏览器等腾讯渠道布局免费阅读，这类模式产品有望通过广告植入的方式在2019年为公司贡献营业收入。

然而，推出免费阅读产品只是权宜之计。2017年，短视频这种移动娱乐方式异军突起，占据了移动互联网用户大部分的娱乐时间，使得其他行业面临的竞争加剧，网络文学由于与短视频之间有替代效应，所以受到的影响不小。为了吸引和保留用户，阅文集团的内容成本不断攀升，2018年其内容成本为15.3亿元，同比增长20%，约占总收入的30%。真正能使阅文集团拥有长期竞争优势的是更专业、成熟的版权运营能力。表6-1截取自阅文集团招股说明书。在文学动漫领域，美国改编形式的内容产品的商业产出逾70亿美元，而中国只有4亿美元，差距可见一斑，这同时也说明中国在这个细分市场的潜力巨大，阅文集团应该重点关注对版权运营能力的培育。

表6-1　　　　中美文学动漫领域改编产值对比

项　目	文学/动漫版权改编大片	
	美国出品	中国出品
案例	哈利·波特	鬼吹灯
改编形式	线下出版、电影、DVD、网络游戏、主题公园等	线下出版、电视剧、动漫、网络游戏、电影
改编总商业价值	约70亿美元	约4亿美元
项　目	2016年总票房最高的50部电影	
	美国出品	中国出品
由文学/动漫作品改编成电影的国内总票房	38亿美元	11亿美元
占国内电影票房前50名总票房的百分比	45.6%	33.8%

　　表6-2是阅文集团2017年和2018年的收入结构，我们能看到在线业务收入占总收入的绝大部分，但占比有下降的趋势。这与前面的分析也是一致的，阅文集团目前主要的收入来自文学作品付费，但版权运营的重要性会不断提升，因为这才是真正构成核心竞争力的业务。

表6-2　　　　　　　　　　　　阅文集团收入结构

项　　目	2018年		2017年	
	营业收入 （千元）	占比（%）	营业收入 （千元）	占比（%）
在线业务	3 827 926	76.0	3 490 042	85.2
版权运营及其他	1 210 324	24.0	605 024	14.8
总收入	5 038 250	100.0	4 095 066	100.0

资料来源　阅文集团年报。

6.4　从160倍市盈率至30倍市盈率，阅文集团走下神坛？

　　2017年11月8日，阅文集团以每股55港元的IPO价格在香港交易所正式上市。当天开盘随即涨到了每股90港元，最终以每股102.4港元的价格收盘，上市首日IPO实现收益率86.18%。阅文集团2017年6月30日的EPS为0.33港元，那么发行价对应的市盈率为166倍，上市首日收盘价对应的市盈率为310倍。在估值普遍偏低的香港市场，阅文集团收获投资者如此欢心，可谓天之骄子！然而，上市后阅文集团的股价一路下跌，至2019年7月，阅文集团的市盈率在30倍左右，昔日的光辉早已褪去。

　　市盈率从160倍到30倍，当初是什么因素让投资者热情买入，而如今又是什么因素导致投资者们惨淡收场？图6-4是阅文集团上市前的营业收入及增长率，可以看到上市前阅文集团的收入增速十分迅猛，2015年营业收入同比增长245%，2016年增长59%，2017年上市时预测当年收入同比增长51%。然而，2017年阅文集团上市后收入增长下滑，根据其 2018 年年报，营业收入同比增长 23%，相比上市前 50% 的增速逊色不少。收入增长的疲乏很快就反映在了二级市场的股价上，2018 年 8 月，阅文集团股价跌破了发行价，之后股价更是一路下滑到 30 港元/股左右。

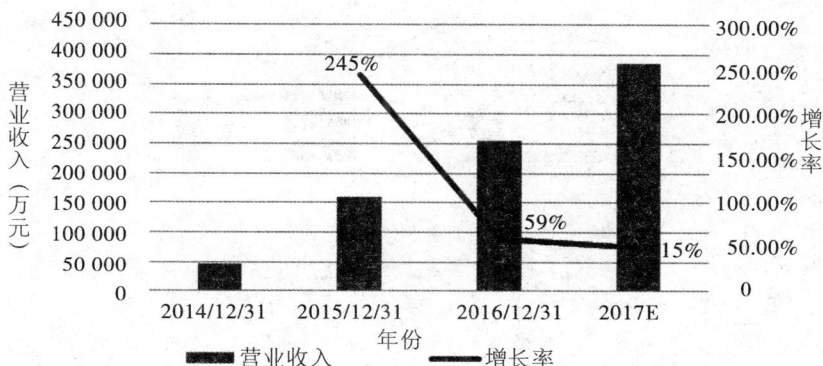

图6-4　上市前阅文集团营业收入及增长率

资料来源　根据阅文集团招股说明书及年报整理。

　　从前文的分析中我们知道，阅文集团收入结构中绝大部分是在线业务，这意味着阅文集团想要实现高增长，必须在在线业务上扩张，而想要实现扩张有两个可能的驱动因素：一是付费用户规模的增长；二是人均付费数额的增长。图 6-5 展示了 2015—2018 年阅文集团的付费用户数及付费用户每月收入（阅文集团的收入），其中 2017E 指的是 2017 年上市时的预计数。在上市前，阅文集团的付费用户数增长迅速，但增速有下滑的趋势，而付费用户每月收入则在不断上升。然而，在上市之后，无论是付费用户数的增长率还是付费用户平均收入的增长率都继续下滑，其中平均月付费用户数出现负增长，这意味着付费人数在减少。阅文集团在线业务可能的两个驱动因素都增长乏力，这解释了其营业收入为什么在上市之后增长乏力。

　　进一步分析可知，付费用户数及付费用户每月收入的增长瓶颈其实与产品的生命周期有关。阅文集团作为网络小说龙头，平均月活跃用户数在 2018 年已经达到了 2.3 亿人，其增长空间已十分有限。作为对比，截至 2019 年 3 月底，微博的月活跃用户数达 4.65 亿人。

同时，受到自2018年兴起的免费阅读风潮的冲击，阅文集团用户付费比率有下降趋势，2018年为5.8%，比上市之初低0.2%，如图6-6所示。

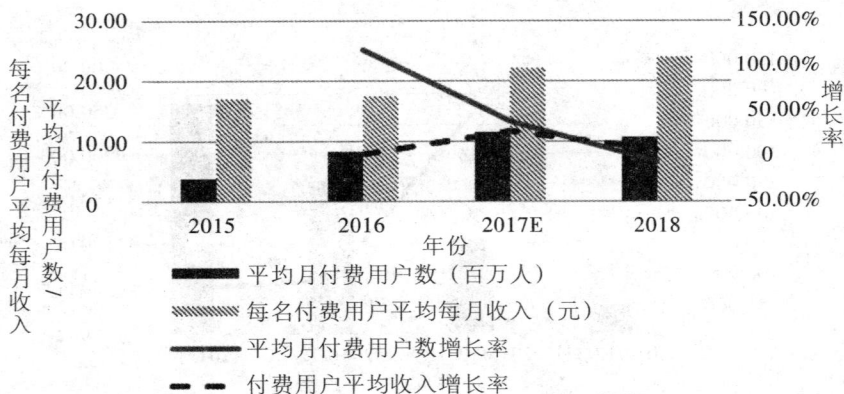

图6-5 付费用户数及付费用户每月收入

资料来源 根据阅文集团招股说明书及年报整理。

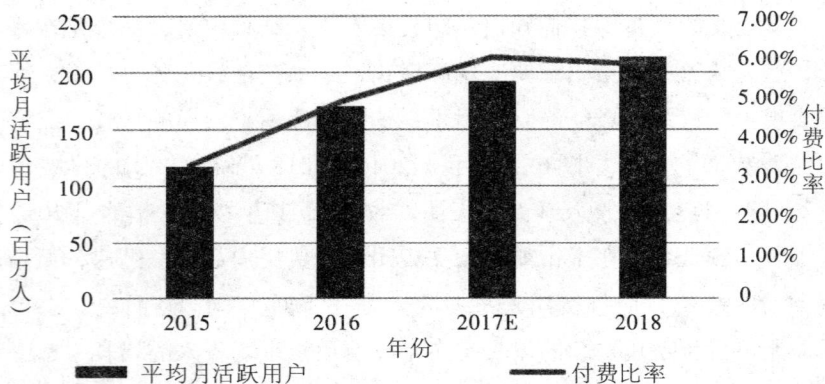

图6-6 平均月活跃用户及付费比率

资料来源 根据阅文集团招股说明书及年报整理。

6.5 可比公司介绍——掌阅科技

掌阅科技股份有限公司成立于2008年9月，是一家专注于数字阅读的公司。掌阅科技的核心产品是移动阅读类App"掌阅"。掌阅科技的主营业务为互联网数字阅读服务及增值服务业务，以作家、出版社等作为正版内容来源，对数字图书内容进行编辑和管理，面向互联网发行数字阅读产品。掌阅科技的业务还包括研发及销售电子书阅读器、基于自有互联网平台的流量增值服务等。总的来说，掌阅科技的主营业务与阅文集团的十分相似。

图6-7是掌阅科技2018年收入结构，其中数字阅读占收入的87%，版权产品占收入的7%。掌阅科技的数字阅读收入跟阅文集团的在线业务收入相似，版权产品收入跟阅文集团的版权运营业务收入相似。所以，无论是主营业务，还是收入结构，这两家公司都非常相似。从表6-3的关键指标对比可以看出，两家公司在规模上处于同一个量级。本章接下来的估值部分，若涉及对比估值法，将会把掌阅科技当作可比公司进行对比。

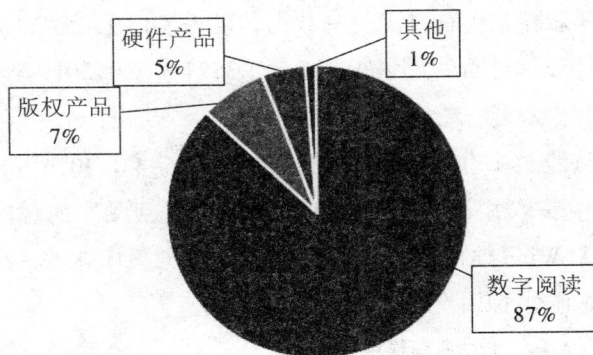

图6-7 2018年掌阅科技收入结构

资料来源 根据掌阅科技2018年年报整理。

表6-3 阅文集团与掌阅科技关键指标对比

公 司	市值（2019年7月31日）	营业收入（2018年年报）	平均月活跃用户（2018年年报）	每名付费用户平均每月收入（2018年年报）
阅文集团	321.71亿元	503 825.00万元	2.3亿人	24.1元
掌阅科技	60.94亿元	190 315.07万元	1.2亿人	60.8元

资料来源 根据Wind数据库、阅文集团及掌阅科技年报整理。

6.6 剩余收益法估值

本节我们应用剩余收益模型对阅文集团进行估值。

第一步，运用CAPM计算权益资本成本r_E。计算公式如下：

$$r_E = r_f + \beta \times (r_M - r_f) \tag{6-1}$$

其中：r_f为无风险利率；r_M为市场收益率；β衡量该公司承担的系统风险与整个市场的系统风险的比值。

在资本成本的计算中，由于阅文集团在香港上市，无风险利率r_f取1年期香港定期存款利率0.125%，市场收益率r_M取近10年香港恒生指数算术平均收益率8.00%。β利用股价交易数据进行回归求得。阅文集团2017年11月8日才上市，且港股上市首日不设涨跌幅限制，考虑到数据的可得性，故只剔除上市首日的交易数据，以香港恒生指数收益率作为市场收益率按周频率进行回归，得到β为1.3721（截至2019年4月30日），然后计算得到权益资本成本为10.93%。

第二步，获取每股盈余（EPS）的预测数据。表6-4中2016—2018年的数据是从年报中获取并计算的。2019—2021年，阅文集团每股盈余的预测数据来源于Wind数据库，取证券公司对阅文集团未来3年的EPS一致预测值。目前阅文集团暂未分红，DPS为0。

表6-4 　　　　　　　　　　　**剩余收益模型估值**　　　　　　　　金额单位：元

时　期	实际期	实际期	实际期	预测期 t_1	预测期 t_2	预测期 t_3
年　度	2016	2017	2018	2019	2020	2021
EPS	0.05	0.74	1.01	1.26	1.62	1.9
DPS	0	0	0	0	0	0
BPS		13.92	18.00	20.68	18.28	20.18
ROCE			7.26%	7.00%	7.83%	10.39%
RE				−0.71	−0.64	−0.10
折现因子				1.1093	1.2306	1.3651
RE现值				−0.64	−0.52	−0.07
RE总现值			−1.23			
持续价值						−1.02
持续价值现值			−0.75			
每股价值			16.02			

第三步，获取每股账面价值（BPS）的预测数据。表6-4中2017—2018年的数据是从年报中获取并计算的，2016年的数据公司并未披露，无法取得。2019—2021年，阅文集团每股账面价值的预测数据来源于Wind数据库，取证券公司对阅文集团未来3年的BPS一致预测值。

第四步，计算普通股股东权益收益率（ROCE）。计算公式如下：

$$ROCE_t = \frac{EPS_t}{BPS_{t-1}} \tag{6-2}$$

每期计算结果见表6-4第六行。

第五步，计算2019—2021年的剩余收益（RE）。计算公式如下：

$$RE_t = (ROCE_t - r_E) \times BPS_{t-1} \tag{6-3}$$

每期计算结果见表6-4第七行。表6-4中剩余收益（RE）为负数，是因为普通股股东权益收益率小于权益资本成本。

第六步，将未来的剩余收益用折现因子折现，计算出2019—2021年的RE现值，并加总得到2019—2021年的RE总现值。计算公式为：

$$RE现值_t = \frac{RE_t}{折现因子} \tag{6-4}$$

$$RE总现值 = RE现值_{2019} + RE现值_{2020} + RE现值_{2021} \tag{6-5}$$

计算结果为-1.23。

第七步，计算2022年及之后持续期剩余收益在2021年的价值。假设从2021年起，阅文集团的剩余收益保持1%的持续稳定增长（g=1%），持续价值的计算公式为：

$$持续价值 = RE_{2021} \times \frac{1+g}{r_E - g} \tag{6-6}$$

计算结果为-1.02。

第八步，将2021年得到的持续价值折现到2018年，结果为-0.75。

第九步，将2018年的BPS、2019—2021年的剩余收益现值、2022年及以后的持续剩余收益的现值加总得到阅文集团在2018年的估值为16.02元/股。

在剩余收益模型中，资本成本作为折现的重要参数，对估值结果影响很大；同样，剩余收益的未来增长率由于永续增长的假定，对剩余收益总额的影响很大，进而影响估值结果。所以，对资本成本和剩余收益未来增长率进行敏感性分析十分重要，这样能避免参数设定中的主观因素过度影响估值结果。敏感性分析见表6-5。表中第一行代表不同的永续增长率，第一列代表资本成本的变化。2018年12月31日阅文集团的股价是36.3港元/股，约合人民币31.16元/股。结合表6-5可知，利用剩余收益法得到阅文集团的估值全部是低于现实股价的，说明市场存在高估现象。一般情况下，随着剩余收益永续增长率g的升高，估值应该提高，为什么阅文集团的估值反而下降呢？这是因为进入永续期的前一年即2021年，阅文集团的剩余收益（RE）为-0.1，负的剩余收益会使得永续部分的剩余收益现值也为负，如果g越高，负的剩余收益增长越快，相应的估值也就越低。

表6-5　　　　　　　　　　　**敏感性分析表**　　　　　　　　单位：元/股

永续增长率 资本成本变化	g=0	g=1%	g=2%	g=3%	g=4%	g=5%
r+1.5%	14.01	13.80	13.56	13.26	12.89	12.42
r+1%	14.65	14.48	14.27	14.02	13.70	13.30
r+0.5%	15.35	15.22	15.07	14.88	14.63	14.31
r=10.93%	16.11	16.04	15.95	15.84	15.69	15.50
r-0.5%	16.95	16.94	16.94	16.93	16.92	16.90
r-1%	16.27	17.95	18.05	18.17	18.34	18.58
r-1.5%	18.88	19.07	19.30	19.61	20.03	20.64

从现有数据来看，阅文集团作为国内网络文学行业的领头羊，给股东带来的回报低于股东要求回报率，这个现象合理吗？其实，目前普通股股东权益收益率较低不是因为盈利能力差，而是因为最近几年的两次收购（上市前并购Cloudary，获取其作家及文学作品版权；上市后并购影视公司新丽传媒，实现纵向一体化）导致其资产负债表极速扩张，以至于每股账面价值很大，所以普通股股东权益收益率偏低。相信在未来，随着并购的资产协同效应的逐渐释放和资产周转率的提升，阅文集团的盈利会进一步增长。假设阅文集团每股收益的增长率会以分析师预

测的增长速度继续增长5年，那么上面的表6-4变为表6-6，表6-5变为表6-7。结合表6-6和表6-7可知，结论没有改变，仍然是市场存在高估现象。

表6-6　　　　　　　　剩余收益模型估值（增长5年）　　　　金额单位：元

时　　期	实际期	实际期	实际期	预测期 t_1	预测期 t_2	预测期 t_3	预测期 t_4	预测期 t_5
年　　度	2016	2017	2018	2019	2020	2021	2022	2023
EPS	0.05	0.74	1.01	1.26	1.62	1.90	2.35	2.90
DPS	0	0	0	0	0	0	0	0
BPS		13.92	18.00	20.68	18.28	20.18	22.53	25.43
ROCE			7.26%	7.00%	7.83%	10.39%	11.63%	12.87%
RE				-0.71	-0.64	-0.10	0.14	0.44
折现因子				1.1093	1.2306	1.3651	1.5143	1.6798
RE现值				-0.64	-0.52	-0.07	0.09	0.26
RE总现值			-0.88					
持续价值								4.45
持续价值现值			2.65					
每股价值			19.77					

表6-7　　　　　　　　敏感性分析表（增长5年）　　　　单位：元/股

永续增长率 资本成本变化	g=0	g=1%	g=2%	g=3%	g=4%	g=5%
r+1.5%	16.52	16.56	16.61	16.68	16.75	16.85
r+1%	17.42	17.53	17.65	17.81	18.00	18.24
r+0.5%	18.42	18.59	18.81	19.07	19.41	19.85
r=10.93%	19.51	19.77	20.10	20.51	21.03	21.73
r-0.5%	20.70	21.08	21.55	22.14	22.91	23.97
r-1%	22.03	22.54	23.18	24.01	25.11	26.66
r-1.5%	23.50	24.18	25.04	26.18	27.72	29.97

通过上述分析不难发现，每股收益增长率的假设对估值结果会有很大影响，每股收益连续5年以20%以上的增长率增长，然后马上进入永续增长期，这似乎忽略了行业发展的规律。为了得到更严谨的结论，下面将结合网络文学行业的发展来估计阅文集团每股收益的增长。

网络文学行业的增长率可拆分为两个部分：一是中国互联网整体发展带来的增长；二是网络文学本身发展带来的增长。根据中国互联网络信息中心发布的《第43次中国互联网络发展状况统计报告》，2018年我国互联网网民数为82 851万人，互联网普及率为59.6%，如图6-8所示。根据实时统计网站Internet Live Stats的数据，2016年美国互联网普及率已达88.5%。过去10年，我国的互联网普及率平均每年以3%的速度提升，假设最终要达到美国2016年的互联网普及率，则还需7年时间。互联网普及率每年以3%的速度提升意味着网民每年增加3%。

	2008	2009	2010	2011	2012	2013	2014	2015	2016	2017	2018
网民数（万人）	29 800	38 400	45 730	51 310	56 400	61 758	64 875	68 826	73 125	77 198	82 851
互联网普及率（%）	22.60	28.90	34.30	38.30	42.10	45.80	47.90	50.30	53.20	55.80	59.60

■ 网民数　　　— 互联网普及率

图6-8　网民数及互联网普及率

根据《第43次中国互联网络发展状况统计报告》，2018年网络文学的网民使用率为52.1%，用户规模年增长率为14.4%；网络音乐的网民使用率为69.5%，用户规模年增长率为5.0%。假设网络文学的网民使用率最终能达到网络音乐的网民使用率水平，且两个行业的用户规模增长率维持不变，则4年之后，网络文学与网络音乐的网民使用率相同。所以在这4年内，也就是2019—2023年，网络文学的使用人数增长率为（1+14.4%）×（1+3%）−1=17.83%。假设2023年后，网络文学使用人数增长率回落至已经发展成熟的网络新闻行业2018年的增长率即4.3%，网络普及率增长持续到第7年，则2023—2026年网络文学的使用人数增长率为（1+4.3%）×（1+3%）−1=7.4%。

接下来分析阅文集团的发展前景。我们利用分析师给出的2019—2021年的平均每股收益增长率超过行业平均发展前景的部分来估算阅文集团作为行业龙头吸引新用户的能力。分析师预测2019—2021年阅文集团平均每股收益增长率为23.54%，比估计的行业使用人数增长率高出5.71%，这5.71%就是行业龙头获客能力的体现。那么2019—2023年，阅文集团每股收益增长率维持在23.54%，而2023—2026年，每股收益增长率维持在13.11%（=7.4%+5.71%）。2026年及以后按剩余收益以1%永续增长率增长处理。剩余收益法的估值结果为20.57元/股，此前的结论依然成立，市场存在高估现象。

6.7 梅特卡夫定律估值——对比估值

由于梅特卡夫定律提供了一种衡量网络价值的方法，接下来尝试使用梅特卡夫定律对阅文集团进行估值。在罗伯特·梅特卡夫提出该定律后，国内外学者在该定律的基础上衍生出许多针对互联网公司进行估值的模型。

腾讯创始人之一曾李青在2014年提出互联网的价值表达式：

$$V = K \times \frac{N^2}{R^2} \tag{6-7}$$

他认为网络价值除了与节点数有关之外，还与节点间的距离（R）有关，节点间的距离越短，网络的价值越大。上述模型中的K为常数项。

范声焕（2016）认为公司价值与用户数的关系应调整为Nln（N），采用以下公式计算：

$$V = P \times \frac{N \ln (N)}{R^2} \tag{6-8}$$

其中：P为常数项；R为距离。

本节将利用对比估值法的思想，采用以下两个基于梅特卡夫定律改进的模型对阅文集团进行估值，可比公司为前文已介绍的掌阅科技。

模型一：$V = E \times N^2 \times K$ (6-9)

模型二：$V = E \times N \ln N \times K$ (6-10)

其中：变现因子 K 通过付费业务收入÷付费用户数，即付费会员的 ARPU（每用户平均收入，Average Revenue Per User）值来衡量；用户数采用月活跃用户数（MAU）进行衡量，数据为公司公告及网站披露的最新信息。根据阅文集团 2018 年年报，阅文集团的 ARPU 值为 24.1 元，月活跃用户数为 21 350 万人；根据掌阅科技 2018 年年报，掌阅科技的 ARPU 值为 60.8 元，月活跃用户数为 12 000 万人。具体的参数及对比系数见表 6-8。

表 6-8   阅文集团和掌阅科技数据

项 目	阅文集团	掌阅科技	对比系数
变现因子 K（元）	24.1	60.8	0.40
用户数 N（万）	21 350	12 000	
用户数 N^2	455 822 500	144 000 000	3.17
用户数 $N \ln N$	212 834.03	112 711.94	1.89
当前市值[①]（亿元）	321.7	60.9	

根据模型一，阅文集团与掌阅科技的公司价值之比应该等于两家公司月活跃用户数的平方即 N^2 与变现因子 K 的乘积之比。计算得到阅文集团的估值为 60.9×0.40×3.17=77.22（亿元），根据现有股本计算，相当于 7.56 元/股。

根据模型二，阅文集团与掌阅科技的公司价值之比应该等于两家公司月活跃用户数与其自然对数的乘积即 $N \ln N$ 与变现因子 K 的乘积之比。计算得到阅文集团的估值为 60.9×0.40×1.89=46.04（亿元），根据现有股本计算，相当于 4.51 元/股。

从对比估值法的结果可以看出，市场对阅文集团存在高估。但值得一提的是，对比估值法的假设是市场对其可比公司（或行业）的定价是合理的，倘若市场对可比公司的定价本身存在高估或低估的情况，则用对比估值的方法得出的结论不准确。对于阅文集团而言，已

---

① 日期为 2019 年 7 月 31 日。

上市的同行业公司仅掌阅科技一家，故没有采用行业作为对比的标准。

对于梅特卡夫估值法，更优的方法应该是利用阅文集团自身的历史数据对模型进行拟合，求出参数，然后将最新的数据代入模型，从而求得公司价值。因为阅文集团2017年年底才上市，数据量不足导致回归的参数不稳健，估本节没有采用此方法。

6.8 案例小结

综合剩余收益估值法和基于梅特卡夫定律的对比估值法可知，目前（2019年7月）阅文集团不是一个好的投资标的，因为市场存在高估的情况。同时，阅文集团在线阅读业务增长乏力，上市以来的表现并未达到投资者预期。未来，阅文集团想必会更多地在版权运营上发力，为公司增长装上新的引擎，摆脱现有的两个驱动因素（付费用户规模的增长、人均付费数额的增长）触及天花板的问题。投资者不应该只盯着阅文集团现在的业务和增长情况，而要拓宽眼界，放眼未来。阅文集团正处于转型期，它将何去何从？是继续依靠付费阅读在免费阅读兴起的狂潮中苦苦支撑？还是有足够的资源和魄力完成转型，成为中国文学动漫领域的"迪士尼"？相信时间会给我们答案！

第7章 "Z世代"真的拥抱了哔哩哔哩吗

7.1 哔哩哔哩介绍

哔哩哔哩（bilibili）是一个与日本动画（Anime）、漫画（Comic）、游戏（Game）相关的弹幕视频分享网站，目前视频区分为游戏、科技、广告、番剧、音乐、舞蹈、娱乐、国创、鬼畜、影视、放映厅、时尚等，除此之外，首页还有直播、排行榜、游戏中心、RSS订阅链接等。除了视频业务外，B站还运营多部游戏，如《命运/冠位指定》《崩坏学园2》等。在2019年第一季度，哔哩哔哩月活跃用户数量（MAU）达1.01亿人，收入13.7亿元人民币，用户日平均使用时间为81分钟。

哔哩哔哩（B站）起源于国内最早的Anime、Comic、Game（ACG）弹幕视频网站AcFun（A站），由徐逸于2009年6月26日创建。哔哩哔哩起初命名为Mikufans，只是模仿A站的一个"山寨"网站，徐逸称B站只是A站的"后花园"。2010年1月24日，Mikufans更名为bilibili，B

站正式成立，名称来自于《魔法禁书目录》中男主角上条当麻对第二女主角御坂美琴的昵称"bilibili/biribiri"。2010年3月16日—5月6日，A站由于长期管理不善而爆发混乱和刷爆弹幕事件，导致大量会员流向了B站，B站发展进入快车道。

2010—2014年，B站将目标用户定位于ACG人群，进一步发展了弹幕①文化，打造出了如拜年祭（二次元人群的春晚）、BML（Bilibili Macro Link，年度大型线下活动）等品牌活动。在这段时间，由于当时的版权政策较为宽松，用户上传的大量未获得版权的视频（动漫、电影、纪录片等）为B站带来了极强的资源优势。同时，B站官方对用户承诺在所有视频中永远不会播放任何广告。因此，B站在短时间内得以迅速发展。

2014年11月，陈睿出任B站CEO后，做出了B站从ACG社区转型为UGC（User Generated Content，用户原创内容）平台的决策，并将B站定位为中国的YouTube，目标用户定位于青少年人群。随着国内版权政策逐渐收紧，B站在被有关方约谈后下架了大量未授权视频，同时B站在2014—2016年经过多轮融资后，获得了来自IDG资本、通天顺、掌趣科技、腾讯、华人文化产业基金、H Capital、正心谷创新资本等数亿元的投资，并将融得的资金用于构建自己的相关版权生态圈。与此同时，B站开始尝试对用户进行收费，分别从用户付费观看视频、会员费、视频贴片广告三种途径收费，但上述广告行为与B站官方做出的永不播放广告的承诺相悖，从而引起了大量用户的非议。在获得巨额投资与用户收费的同时，B站开始尝试多元化布局，先后发展出了游戏、广告、直播、电商四大块业务。在上述业务的推动下，B站的MAU节节攀升（如图7-1所示），最终在2019年第一季度突破了1亿人。

然而，B站在快速增长的表象背后，存在诸多的问题。在从ACG社区转向UGC平台的过程中，大量原有的ACG忠实用户因不满B站ACG

---

① 弹幕是一种由日本发展出的视频交流方式，弹幕可以让用户在视频的顶端或者底端公开显示自己的评论，从而使得用户可以在线上进行沟通交流。

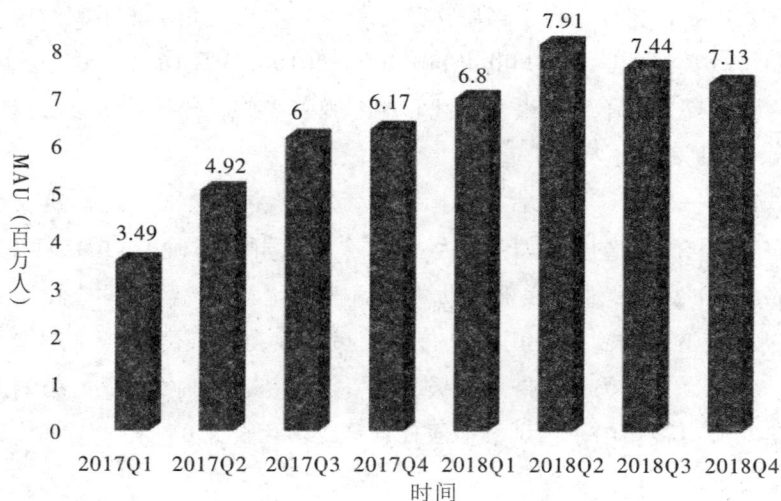

图7-1　哔哩哔哩MAU变化情况

资料来源　哔哩哔哩财报。

环境的消失而选择离开B站，大量原有的UP主[①]因视频被盗用、营销号泛滥等原因选择迁移至其他平台创作，原有的ACG社区逐步走向解体。B站在2018年3月于纳斯达克上市后，可能由于业绩压力，选择了近乎"竭泽而渔"的行为，对广告及视频不进行严格审核便发布，最终在2018年7月26日被央视新闻报道存在"低俗内容"而下架App，并被有关部门就平台上存在色情内容的问题约谈。2019年第一季度，哔哩哔哩亏损1.956亿元，净亏损率为14%，自上市后连续第五个季度亏损，如图7-2所示。

　　和大多数互联网公司一样，哔哩哔哩逐渐走上了通过广告流量变现而盈利的道路，那么哔哩哔哩今后能盈利吗？哔哩哔哩的市值会有怎样的变化？哔哩哔哩能成长为中国的YouTube吗？

---

　　① UP主即uploader，是网络流行词，指在视频网站、论坛、ftp站点上传视频音频文件的人。

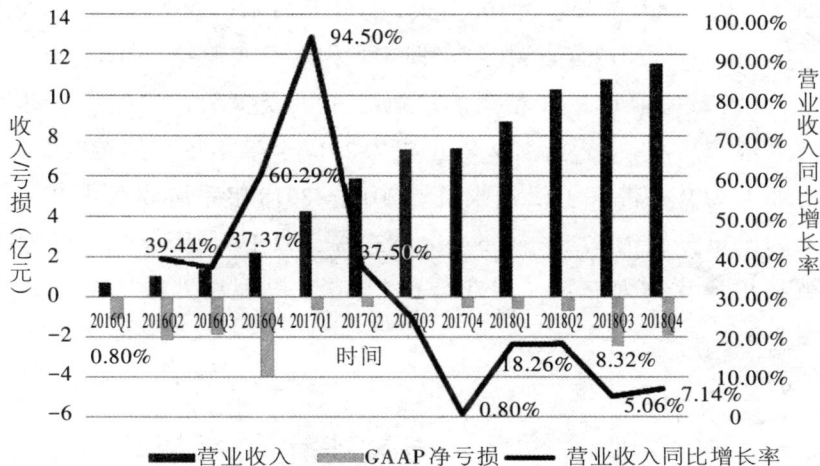

图 7-2　哔哩哔哩营业收入、利润变化情况

资料来源　根据华创证券 2018 年《哔哩哔哩年报点评：Q1 手游收入预期环比提升；业务多元发展或使盈利时间轴滞后》中的数据整理。

7.2　B站的多元化布局与发展空间

7.2.1　游　戏

随着 B 站从 ACG 社区向 UGC 平台转变，更广阔的企业定位带来了业务的扩展与可期的发展空间。从 2014 年开始，哔哩哔哩涉足游戏联运与代理发行业务，成功推出了《FGO》《碧蓝航线》等多款业内知名游戏，并帮助《阴阳师》《崩坏 3》等产品获得成功，逐步成为当前国内优秀二次元游戏发行平台的代表之一。2016 年 9 月，Fate 系列首款正版手游《Fate/Grand Order》（中文译名：《命运/冠位指定》）正式上线，该游戏创造了日本游戏在中国发行的多项全新纪录。在国内知名演员陈坤的独家代言下，公测预约人数突破 300 万人，游戏中的吉尔伽美什、迪尔姆德·奥迪那、英灵卫宫等角色因极高的还原度引发国内外网友热烈讨论和称赞。游戏在上线后多次进入苹果 App Store 畅销榜的前三名，曾获得 App Store 首页多次推荐，并于 2017 年 5 月登顶榜首。在游戏热销期间，每日活跃人数超过 100 万人，成为从日本引进中国获得极大成功的游戏产品。2017 年 5 月，哔哩哔哩发布了战舰拟人手游《碧蓝航线》，游戏的高质量和精美的原画吸引了众多玩家的关注，并引发同人创作热潮，《碧蓝航线》也成为 2017 上半年热门的游戏新品。手游业务为 B 站带来了巨额收益，2015—2018 年手游收入占 B 站总收入的比重分别为 67.5%、65.4%、83.4%、71.1%。因此，哔哩哔哩也被其用户戏称为一家"游戏公司"。哔哩哔哩游戏收入变化趋势如图 7-3 所示。

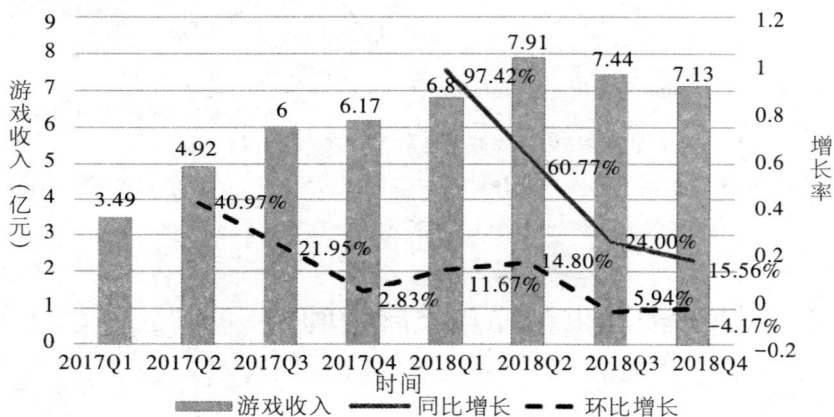

图 7-3 哔哩哔哩游戏收入变化趋势

资料来源 根据华创证券 2018 年《哔哩哔哩年报点评：Q1 手游收入预期环比提升；业务多元发展或使盈利时间轴滞后》中的数据整理。

进一步而言，按照收入统计，2017 年《Fate/Grand Order》占比达 72%，《碧蓝航线》占比为 13%，收入集中度很高。相比于其他游戏运营商，B 站由于出生自带的 ACG 属性而绑定了海量的精准用户，在二次元游戏领域的优势非常明显。

虽然 B 站的游戏业务有着耀人的成绩，但考虑到其主打游戏《Fate/Grand Order》与《碧蓝航线》均已进入产品生命周期的后半程，游戏业务是否能够继续支撑起 B 站的大片江山仍是个问号。B 站一直在寻找下一个《Fate/Grand Order》与《碧蓝航线》，但是依旧没有出现，其引以为傲的二次元游戏市场也开始被网易和腾讯游戏侵蚀，未来不容乐观。

7.2.2 广　告

相比游戏业务而言，广告业务仍具有较大的增长空间，这也是B站在转型为UGC平台后最应当依仗的收入来源，在分析B站的广告业务之前，我们先了解全球最强UGC平台——YouTube的广告业务模式。

YouTube与B站均采用了UGC模式，且受众均为年轻人，同时兼具社交属性，具有很强的用户黏性。尽管Google并未正式披露过YouTube的收入，但根据eMarketer预测，2018年YouTube广告净收入达39.6亿美元，按照45%分成比例计算，其广告营业收入约为88亿美元。YouTube采用了"高比率广告分成模式"，将视频作者的有效观看量和收入结合起来，形成了良性循环。YouTube有下面几种主要的广告形式：报头式广告（位于网站首页）、探索式广告（搜索视频结果中添加的广告视频）、展览式广告（位于页面右侧和推荐视频列表上方）、覆盖式广告（视频下方的半透明广告）、可跳过的插播式视频广告（视频片头，观看5秒后可选择跳过）、不可跳过的插播式视频广告、缓冲式广告等。YouTube目前以可跳过的插播式视频广告为主，既提高了用户体验，又能使广告有5秒必看的播放时间。

B站承诺过不在视频中出现贴片广告，因此采取了信息流广告和定制广告的模式。B站采用每隔6～8个视频放置一条信息流广告的方式，信息流广告主要以游戏、互联网教育为主。定制化广告是由UP主将广告内容内化在视频中，能够做到基于兴趣的精准营销，主要以游戏、美妆为主。上述两种广告模式具有高用户体验度、低干扰度的特点，同时阿里巴巴和B站的战略合作打通了B站的内容生态和阿里巴巴的商业生态，阿里巴巴将带动电商广告业务在B站蓬勃发展，进一步使B站的广告收入保持高速增长，如图7-4所示。

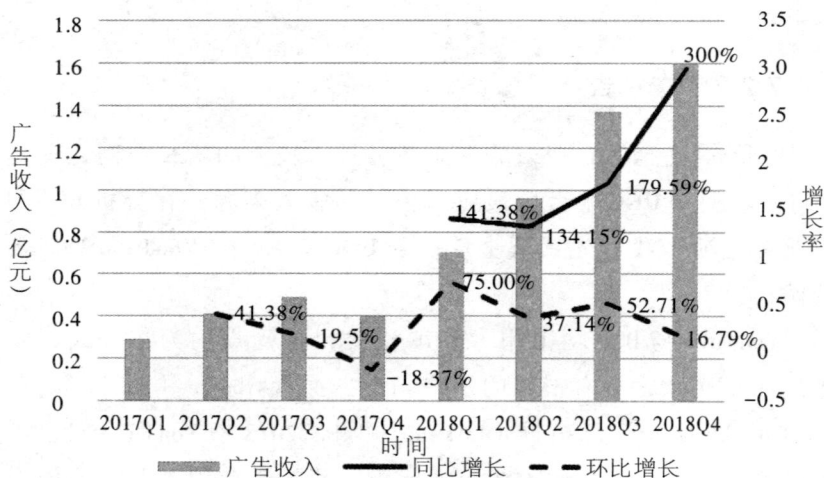

图 7-4　哔哩哔哩广告收入变化趋势

资料来源　根据华创证券 2018 年《哔哩哔哩年报点评：Q1手游收入预期环比提升；业务多元发展或使盈利时间轴滞后》中的数据整理。

7.2.3　直播与电商

B站的直播业务及电商业务目前处于起步阶段，直播业务在内容产出上的作用明显大于其收入的贡献。站内直播视频主要来自B站自有的主播，有时也会有游戏国际赛事、体育赛事、综艺节目及时政新闻的直播内容。注册用户在通过实名申请认证后成为主播，观众观看直播时使用充值购买的金瓜子等道具打赏主播，使主播获得收入。除直播外，主播也可在非直播时间在直播频道轮播自己在B站投稿的内容。具体而言，直播内容占比约为2/3，秀场内容占比约为1/3；而游戏、秀场收入各占全部收入的一半。B站虽然给主播提供了较高的分成比，但仍有大量头部主播选择跳槽去专门的直播平台（如YY）。电商业务主要销售周边（动漫相关产品）、手办（未涂装树脂模件套件，是收藏模型的一种，也是日本动漫周边中的一种）等商品，预期阿里巴巴入股后能够带来协同效应。哔哩哔哩直播及增值服务收入情况如图 7-5 所示，电商及其他业务收入变化趋势如图7-6所示。

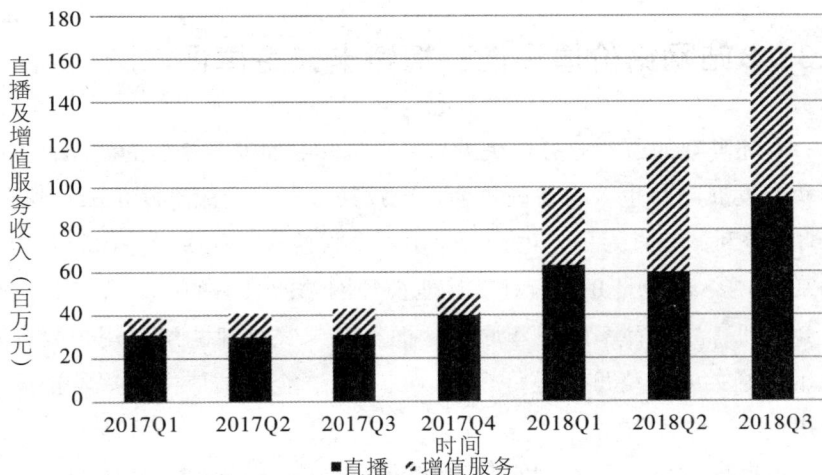

图7-5 哔哩哔哩直播及增值服务收入

资料来源　根据东方证券2018年《哔哩哔哩首次报告：创作者的时代，拥抱UGC视频内容崛起》中的数据整理。

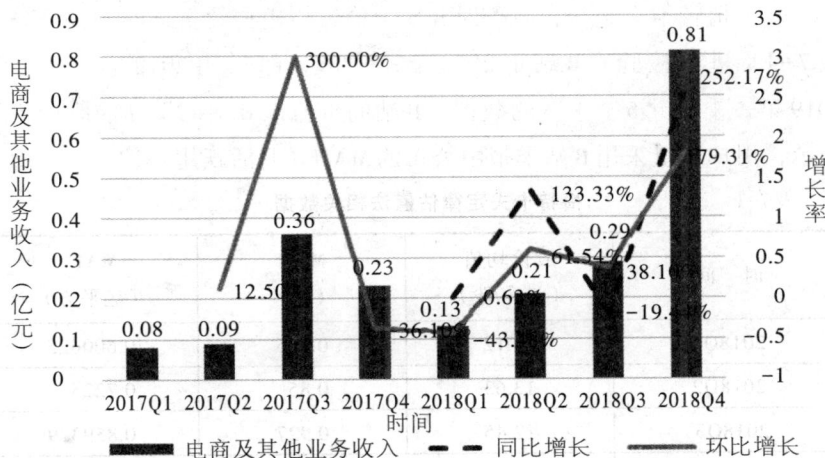

图7-6 哔哩哔哩电商及其他业务收入变化趋势

资料来源　根据华创证券2018年《哔哩哔哩年报点评：Q1手游收入预期环比提升；业务多元发展或使盈利时间轴滞后》中的数据整理。

7.3 B站网络价值评估：梅特卡夫定律评估法

　　哔哩哔哩的游戏业务板块极易受政策影响而发生剧烈的波动，其他板块的发展趋势也较难准确预测，导致其未来现金流难以预测。同时，B站的净利润一直为负，也无法使用剩余收益法。现阶段，由弹幕构成的UGC网络环境是B站相对于其他视频网站所具有的绝对优势，这也是B站拥有高留存率的根本原因。而梅特卡夫定律能结合用户数据对与用户相关的网络价值进行评估，在互联网企业估值中发挥着重要的作用。

　　根据梅特卡夫定律，网络价值与网络规模的平方成正比关系。具体而言，网络价值与网络节点数的平方或用户数量的平方成正比，即

　　网络价值 $V = a \times N^2$

　　其中：a为价值系数；N为用户数量。

　　基于梅特卡夫定律，我们对B站的价值与用户数量之间的关系（见表7-1）进行检验。B站于2018年初上市，故采用2018第一季度到2019第一季度共5个季度的数据。B站的价值以B站每季度的股价均值表示，用户数量采用B站季报中公布的MAU（月活跃用户数）。

表7-1　　　　　　　　梅特卡夫定律估值法相关数据

时　间	股价均值 （美元/股）	MAU （亿）	MAU^2 （亿平方）
2018Q1	11.12	0.775	0.600625
2018Q2	13.63	0.85	0.7225
2018Q3	12.45	0.927	0.859329
2018Q4	14.01	0.928	0.861184
2019Q1	17.50	0.981	0.962361

资料来源　哔哩哔哩公司季报和NASDAQ.

　　将B站的股价均值与MAU^{2}平方做回归分析，得到如下拟合回归方程：

　　$V = 17.0666 MAU^2$

检验结果显示，股价与MAU²存在显著的正相关关系，模型拟合效果很好，且R²值为0.991，解释力度很大。将2019第一季度的MAU代入上述回归方程，得到样本内预测股价为16.42美元/股，稍低于2019第一季度的平均股价。

7.4　基于梅特卡夫定律的其他模型

李岱桐（2016）利用 $V = K \times P \times \dfrac{N^2}{R^2}$ 这一公式，以合一集团为可比公司对乐视网进行估值。其中，变现因子K以付费业务收入除以付费会员数来衡量乐视网的变现能力，以广告收入与日均浏览量的比值来衡量合一集团的变现能力。溢价率系数P以Alexa网站的细分行业排名为标准，用户数N设定为月活跃用户数，节点间距离R采用两个网站的实时访问速度来进行比较。由此，通过可比公司的价值和各对比系数的乘积，得到乐视网的内在价值。

考虑到 YouTube 与 B 站在商业模式上的高度相似性，我们可以将 YouTube 作为 B 站的可比公司，使用上述公式进行估值。其中，变现因子 K 为付费业务收入÷付费用户数，付费业务收入为付费会员的 ARPU（每用户平均收入），用户数采用 MAU 来衡量，溢价率系数以 Alexa 网站的视频行业排名作为标准，节点距离以两个网站的实时访问速度进行比较。具体数据见表7-2。

表7-2　　　　　　　　YouTube和B站的相关数据

项　　目	B　站	YouTube	对比系数
变现因子K（美元）	1.81	8.33	0.22
用户数N（百万）	92.8	1 800	0.052
溢价率P	1	2	0.5
节点距离R（秒）	0.47	1.07	2.28
当前市值V（十亿美元）	4.65	160	

资料来源　哔哩哔哩和YouTube公司季报以及互联网数据.

计算 B 站的估值 =160×0.22×0.052×（2.28）^{2}×0.5=4.76（十亿美元）。这个估值与 B 站目前的市值也较为接近，具有一定的参考意义。

7.5 大数据下的基于客户的企业估值

无论是机构投资者还是个人投资者，在投资快速发展的互联网公司时，都在担忧以下问题：如何才能准确地对互联网公司的核心业务进行估值？现实中大量互联网公司因处于初创阶段而没有长期的财务数据，或者因处于快速成长阶段而长期亏损导致无有效可用的财务数据。无论是在上述哪种情况下，投资者都无法从财务角度对其进行估值，于是投资者将估值聚焦在对财务数据产生重要影响的非财务数据上，比如 MAU、ARPU、GMV、用户评论、点击量等，并期望通过非财务数据来预测互联网公司未来的发展趋势。然而，理想很丰满，现实很骨感。马蜂窝在 2018 年 10 月被曝光其核心业务数据（有效用户、旅游评论等）造假，该造假事件直接反映出互联网公司核心业务数据的不透明性与易操纵性。倘若投资者依据造假率高达85%的核心业务数据对马蜂窝进行估值并投资，必然会损失惨重。那么，投资者怎么才能够绕过互联网公司这个"中间商"风险，让自己的资金不被赚"差价"呢？目前来看，投资者可以使用基于客户的企业估值（Customer Based Corporate Valuation，CBCV）模型"由下而上"地对互联网公司的非财务指标进行分解、挤出水分，并使用被核实过的非财务指标对互联网公司未来的发展进行预测。

进一步，是否存在新的非财务指标，相较于原有的非财务指标，更能反映出互联网公司核心业务的真实情况？如果存在，那么投资者们应该怎样构造新的非财务指标呢？在下面的内容中，我们将详细讨论这两个问题。

7.5.1 从"由上而下"的估值转变为"由下而上"的估值

传统的估值方式，无论是使用财务指标还是使用非财务指标，本质上都是"自上而下"的。比如，B站在投资者宣讲PPT中通过强调Z世代①的庞大群体以及B站的"社区性"来预测B站未来海量的用户。东方证券在2018年底的分析报告中根据Z世代群体数量和YouTube的渗透率来预测B站未来的用户数量。总体而言，目前业界的估值方式可以总结为：利用关键人口群体的宏观经济趋势来进行预测。然而，上述方式的困难之处在于，假设条件过于理想，在忽略了群体内部的差异性等诸多因素的情况下，要想准确地做出估计是非常艰难的。更重要的是，上述方式很少关心公司的客户群体的健康状况和构成，既简化了客户的流入过程，又忽略了客户的流失，最终可谓刻舟求剑、缘木求鱼。

以上的估值方式受限于投资者的信息不对称性，在以往是无法克服的，但是在如今的大数据环境下，投资者们极其被动的局面将会有所改观，新的技术和模型将会为投资者们打开一扇窗。

CBCV模型由丹尼尔·M.麦卡锡（Daniel M. McCarthy）在2017年提出，该模型被认为是近十年来市场营销领域的相关研究中最重要的成果。该模型采用一种"自下而上"的估值方法，明确地提出一个理念："公司产生的每一元钱的收入都必须来自客户"，而且并非所有客户都"生来平等"，即客户间是存在差异性的。该模型非常适合对具有订阅业务的公司进行估值，适合随时间推移计算现金流，适合估计客户的留存模式以及ARPU。CBCV模型对每一期间公司的客户数量进行分解，这种分解的会计逻辑很简单，即客户在任何期间的数量必须等于在该期间获得的新客户的数量加上该公司经历客户流失后在期末还拥有的客户的数量。

对于投资者或者分析师而言，要估计每个期末公司拥有的客户数量，就必须推断出整个客户群的组成结构（即有多少客户是最近才被转化的，有多少客户是该公司的"铁杆粉丝"，有多少客户是"骨灰级粉丝"）以及不同客户子群的流失率。当数据非常充足时，B站可以直接观察到每个客户的留存时长，并采用精算领域的时间测试模型去预测每个客户子群的流失率。然而，投资者和分析师在研究公司时没有丰富的内部数据，因为大部分公司只在财报和面向投资者的宣讲文件中披露高

---

① 指在20世纪90年代中叶至2010年前出生的人。

度聚合的数据（例如，每个季度拥有的客户数量和每个季度获得的客户数量），但即使是上述两种数据，B站也没有全部公布。

CBCV模型通过使用统计方法，几乎可以用高度聚合的数据预测客户的流失模式，其效果就像使用公司内部数据所做的预测一样。该模型比传统的财务估值方法更准确，更有诊断价值，因为它为财务模型引入了关键的价值驱动因素，即销售增长是由获得的新客户驱动的，还是由现有客户的货币化驱动的。

7.5.2 在大数据下对CBCV模型的改进

然而，CBCV模型并不完全适用于互联网公司，尤其是中国的互联网公司。首先，Daniel M. McCarthy使用CBCV模型对美国的有线电视公司和卫星服务公司进行了估值，上述两家公司的用户体量约为B站的1/3，且呈现出全周期（10～15年）均匀稳定的客户增长模式。相较而言，B站或抖音等互联网公司，客户数量在短时间（2～5年）内呈爆炸式增长，其客户增长率和客户流失率波动极大。其次，B站在上市后仅公布了每季度的MAU，而未公布每季度新获得的MAU，同时仅公布了一年的年报，而2008—2017年间的数据无法获得。因此，我们对CBCV模型进行了改进。

改进后的CBCV模型将尝试回答前文提到的两个问题。对于第一个问题，改进后的CBCV模型将使用爬虫自动收集数据、更新数据库，并对B站进行实时估值更新。新的模型不但可以应对中国互联网公司特有的增长特征，还能够直接获得B站的底层核心业务数据，从而绕过B站这个"中间商"所给出的指标数据，再通过对底层核心数据的梳理，剔除机器人、僵尸人、官方操控账号等"掺水"因素，构造出完全基于底层核心业务数据的新指标，获得更为准确的估值结果。对于第二个问题，改进后的CBCV模型构造了新的非财务指标，该指标区别于MAU而被称作月核心用户，它不但绕过了B站对数据的封锁（B站对外界封锁了用户注册日期和用户拥有的硬币数量等数据），还与公司未来现金流的产生具有更强的会计逻辑联系，对于衡量B站未来的发展具有更好的效果。在未来，我们团队将尝试使用改进后的CBCV模型对中国部分上市公司实现动态的估值监测与更新，也请读者关注我们团队的后续研究成果。

7.5.3　B站价值几何

在建立了客户驱动的估值框架之后，我们将目光转回B站。在使用改进的CBCV模型拟合数据后，我们获得了2009—2018年间B站核心用户的每月增加数量（Addition）、流失数量（Loss）和留存数量（End），结果如图7-7、图7-8、图7-9所示。

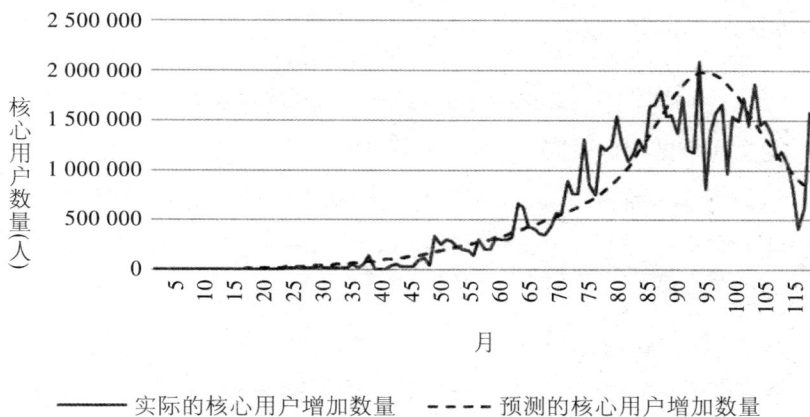

—— 实际的核心用户增加数量　- - - - 预测的核心用户增加数量

图 7-7　2009—2018 年每月核心用户增加数量拟合效果图

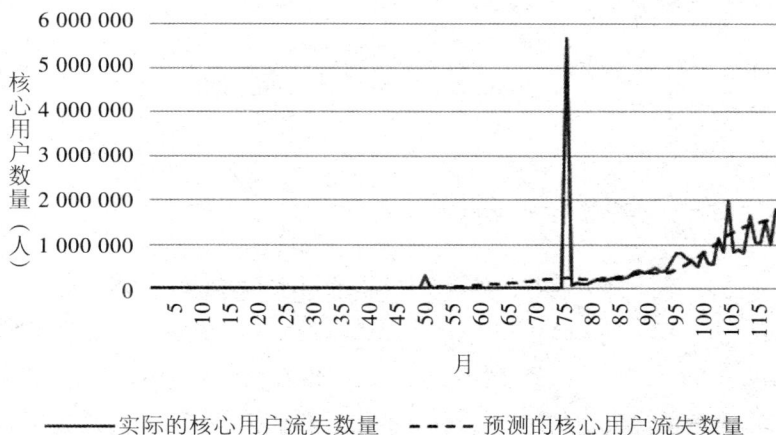

—— 实际的核心用户流失数量　- - - - 预测的核心用户流失数量

图 7-8　2009—2018 年每月核心用户流失数量拟合效果图

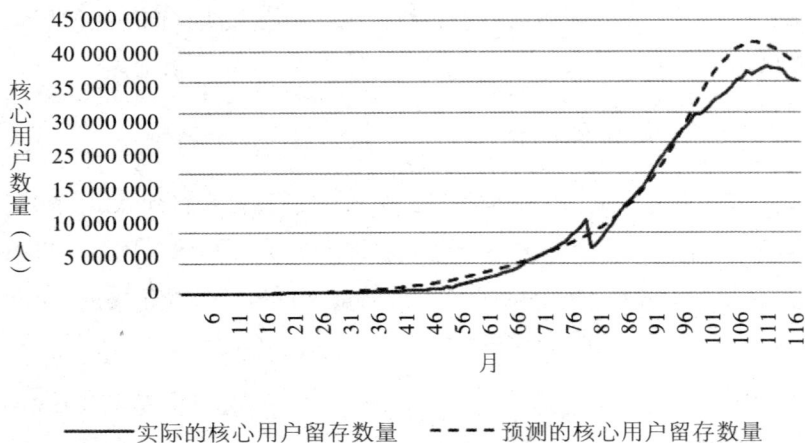

————实际的核心用户留存数量　　- - - -预测的核心用户留存数量

图7-9　2009—2018年每月核心用户留存数量拟合效果图

　　图7-8中第78个月突然增加的流失值可能源于B站在2015年的一次变革，这次变革导致大量用户的异常流失。将拟合后的模型用来预测2009—2058年间B站的核心用户数量，如图7-10、图7-11、图7-12所示。

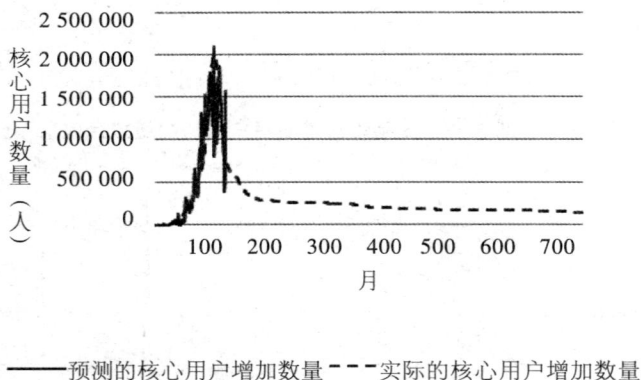

————预测的核心用户增加数量 - - -实际的核心用户增加数量

图7-10　2009—2058年每月核心用户增加数量预测图

　　从图7-12可以看出，我们从"自下而上"的视角所观察到的情况显然没有B站管理层在公开场合所传达的信息及券商分析师从"自上而下"的视角所观察到的情况乐观。例如，我们估计，B站核心用户留存数量的巅峰将在2018年年初到年中之间达到，并在2019年往后逐渐减

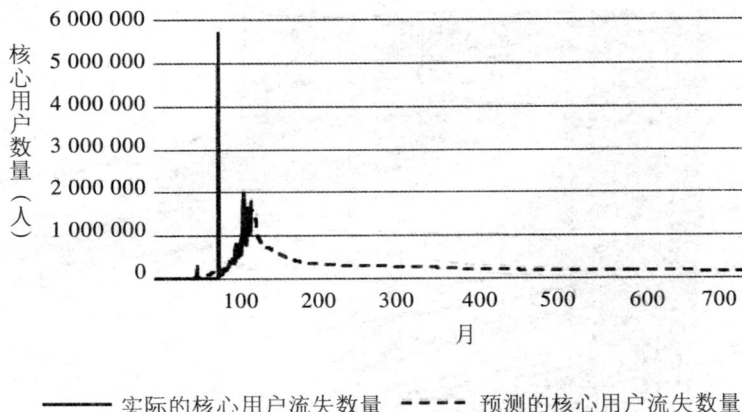

———— 实际的核心用户流失数量　- - - - 预测的核心用户流失数量

图 7-11　2009—2058 年每月核心用户流失数量预测图

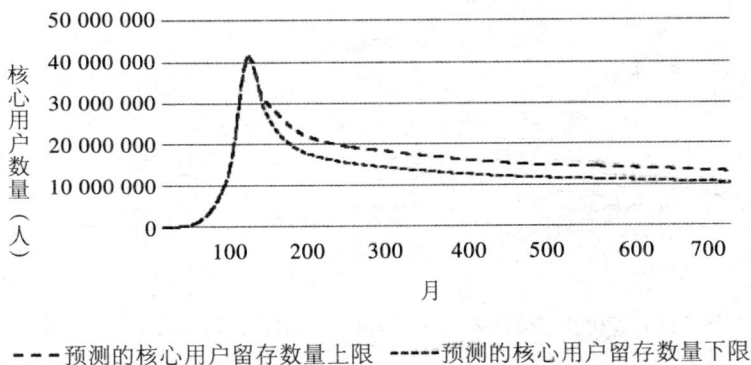

- - - 预测的核心用户留存数量上限　—— 预测的核心用户留存数量下限

图 7-12　2009—2058 年每月核心用户留存数量预测图

少。事实上，B 站 2018 年第三、四季度的 MAU 出现了增长停滞，且在 2019 年第一季度的财报中首次并入了漫画和猫耳 FM 的 MAU。面对上述问题，B 站仍在尝试继续获得新的用户，希望拓展自己的用户群体。

　　进一步分析原始数据后，我们分别计算出每个月的新增用户从进入 B 站到 2018 年底的留存率。如果用户一直是核心用户，即使出现了偶然的间断，我们也认为该用户仍属于留存用户。这样我们就获得了 B 站在每个月份真实的用户留存率，共 120 条留存率曲线，如图 7-13 所示。

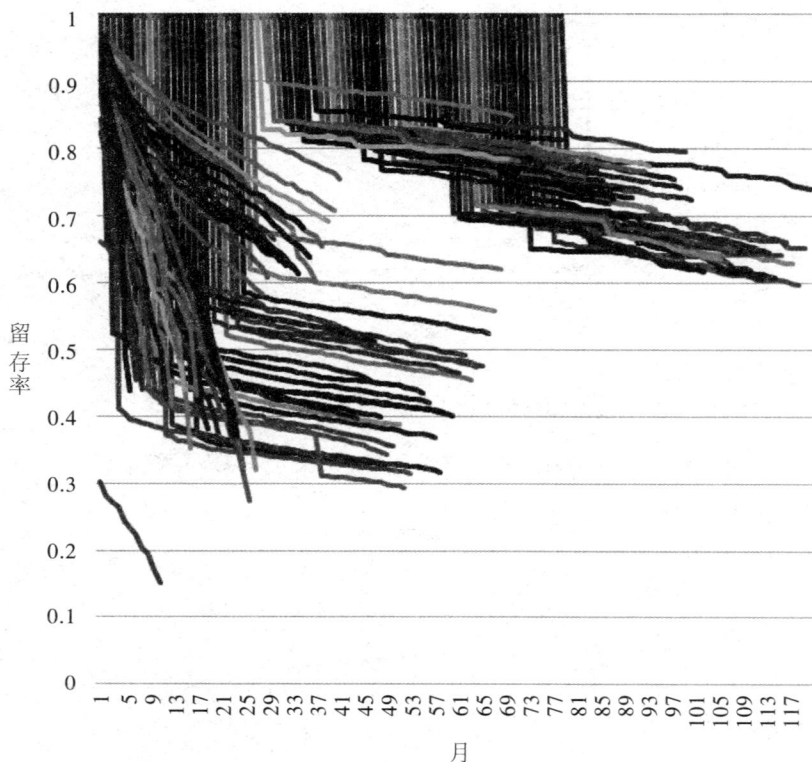

图 7-13　2009—2018 年 B 站在 120 个不同月份真实的用户留存率

从图 7-13 中我们可以看出，B 站自成立以来，其用户留存率曲线随着月份的增加而明显不同。最初进入 B 站的用户（右上角部分曲线）经过 8 ～ 10 年后依然有七成以上的用户转化为核心用户，而最近一两年（左下角部分曲线）进入 B 站的用户在一年内仅留存了四成核心用户，且留存率曲线没有水平趋势，将继续快速下跌。这也从侧面支持了 B 站在 2015 年之前的"社区性"所带来的用户黏性，以及 B 站 UGC 化之后导致的"社区"瓦解对用户黏性的影响。那么，是不是新增用户更多地把 B 站看作一个视频平台，而少了许多"情怀"呢？是不是老的"二次元"用户是 B 站目前发展的"中流砥柱"，而新的"Z 世代"却"游而不击"呢？我们对 2018 年底 B 站每月留存的核心用户数量进行分析，如图 7-14 所示。

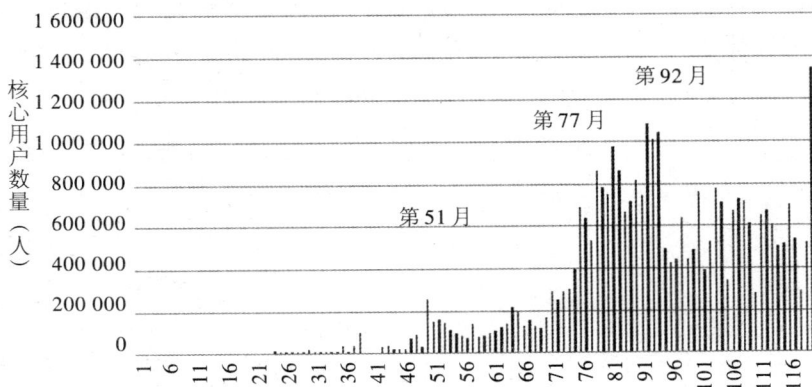

图 7-14　2018 年底 B 站每月留存的核心用户数量分布图

从图 7-14 可以看出，上述分布图可以分为四部分：第 0 月至第 51 月，第 52 月至第 77 月，第 78 月至第 92 月，第 93 月至第 120 月。在第 78 月之前绝大多数是 ACG "二次元" 用户，在第 78 月（包含第 78 月，B 站在该时间后转型为 UGC 平台）之后大部分是 UGC 用户。并且，在每月用户增长量保持稳定的情况下，第 93 月至第 120 月的核心用户留存数量显著低于第 78 月至第 92 月的核心用户留存数量，这个现象与 B 站在 2017—2018 年间的 "版权下架" 和 "扫黄事件" 有着密切的联系。对于第 93 月至第 120 月的新用户而言，B 站和其他视频平台已经没有大的区别，很多新用户在尝鲜后纷纷流失。

因此，我们建议 B 站优先关注如何培养特殊资源以吸引用户，及如何增强新用户的黏性，因为新增用户本身缺乏所谓的 "社区" 特性，很难提高其黏性，"社区" 的瓦解是 B 站转型为 UGC 平台必然产生的副作用。B 站更应当关注已有的稳定的核心用户（已经趋于水平的留存率曲线），做到精准营销。对前 77 个月忠实的 ACG 用户，B 站应着重通过二次元游戏、动漫、周边、线下活动等方式变现更多的二次元收益，做到小众、高收费、高质量、零（少）广告的服务标准。对于第 78 月至第 92 月较为忠实的 UGC 用户，B 站应偏向提升其广告变现能力，打造大众化、低门槛、无（低）收费的观看环境。

在完成对 B 站核心用户数量的预测后，我们使用财务上的标准企业估值模型（Damodaran，2012；Greenwald et al.，2004；Holthausen and Zmijewski，2014；Koller、Goedhart and Wessels，2015），根据 B 站 2018 年年报数据，以及预测的核心用户数量，计算 B 站在 2018 年底的价值。首先我们预测 B 站 2019—2058 年的月收益，如图 7-15 所示。

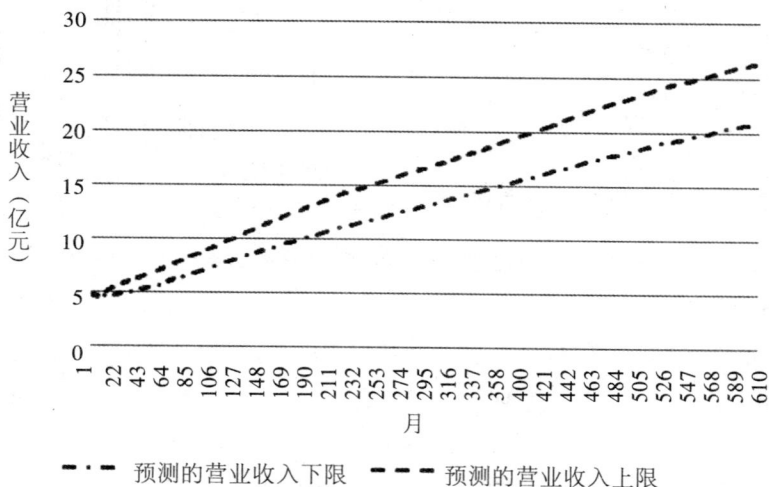

图 7-15　2019—2058 年 B 站月收益预测图

进一步，为了满足模型的前提假设，即 B 站将至少维持其在 2018 年的净营运资本的投入额以开展之后的业务，我们认为 B 站每年需获得约 13 亿元（由依据 B 站过往年份的财报推算的净营运资本的减少数额设定，该融资额使 B 站净营运资本保持不变）的股权融资。根据前文中的假设条件，我们计算出 B 站价值的上界为 10 883 384 172.58 元，下界为 4 982 159 794.76 元。根据 2018 年底 B 站流通股股数为 226 323 075 股，计算得出每股估值的上界为 48.09 元，下界为 22.01 元。而 2018 年底 B 站股票的收盘价为 14.59 美元/股，约合人民币 100.38 元/股。因此，我们认为 B 站的股价被严重高估，可能的原因有：B 站作为近期为数不多有潜力的标的受到资本追逐而被推高股价；B 站核心业务数据的不透明性和难获得性极大地提高了估值难度，以往没有合适的互联网公司估值模型。B 站如果想使其真实价值达到市场股价，应当从提高核心用户留存率和提高用户货币化效率两方面尽快入手，毕竟 A 站在腾讯的扶持下又"活"过来了，可谓前有猛虎，后有追兵。

7.6　案例小结

对于无法使用剩余收益法估值的、处于初创或者长期亏损状态的互联网企业，基于梅特卡夫定律进行估值是一种简便的方法。显然，对于那些想进行精确估值，想剥去被资本包装出的鲜亮外衣进而窥探公司本质的投资者而言，大数据下的基于客户的企业估值（CBCV）是他们最称手的估值利器。

B站从最初ACG爱好者的"自嗨"社区发展到如今国内排行第一的UGC平台，向我们生动地展示了它疯狂增长的成长故事。处于高速发展期的B站，其主要收入并不源于UGC平台，而是来自爆款手游，这并不利于其未来长期的发展。目前B站的用户市场也几近饱和，核心用户数量出现拐点，若只依靠原有核心业务将不能保持前几年用户快速增长的势头，如何深挖用户付费，将已有的巨大用户存量变现，向You-Tube学习努力提高ARPU，是B站未来的核心任务。

主要参考资料

[1]   BRISCOE B，ODLYZKO A，TILLY B. Metcalfe's Law is wrong［J］.
       IEEE Spectrum，2006（7）:26-31.

[2]   DAMODARAN A. Damodaran on valuation: security analysis for invest-
       ment and corporate finance［J］. Journal of Finance，2006 (2) :751-754.

[3]   DAMODARAN A. The dark side of valuation［M］. FT Press，2001.

[4]   MCCARTHY D M，FADER P S，BRUCE G S H. Valuing subscription-
       based businesses using publicly disclosed customer data［J］. Journal
       of Marketing，2017，81: 17-35.

[5]   GILDER G. Metcalfe's Law and legacy［J］. Forbes （ASAP Supple-
       ment），1993.

[6]   METCALFE B. Metcalfe's Law after 40 years of Ethernet［J］. Comput-
       er，2013，46（12）:26-31.

[7]   PENMAN S H. Financial statement analysis and security valuation［M］.
       Osborne: McGraw-Hill，2010.

[8]   PENMAN S H. Valuation: the state of the art［J］. Schmalenbach Busi-
       ness Review，2016，17（1）:3-23.

[9]   REED D. That sneaky exponential - beyond Metcalfe's Law to the pow-
       er of community building［J］. Context Magazine，Spring 1999.

[10] SHARPE W F. Capital asset prices: a theory of market equilibrium under conditions of risk [J]. Journal of Finance，1964，19（3）：425-442.

[11] 安翔. 梅特卡夫模型在企业估值中的运用 [D]. 上海：上海国家会计学院，2017.

[12] 陈玉罡，孙晶，张杨，等. 并购与估值：精选案例分析 [M]. 大连：东北财经大学出版社，2017.

[13] 陈玉罡，刘彧，莫昕，等. 大数据与互联网公司估值：精选案例分析 [M]. 大连：东北财经大学出版社，2019.

[14] 东方证券. 拼多多：拥抱全民流量，拼多多的升级之路 [R]. 2019-03-05.

[15] 方正证券. 复盘亚马逊从优秀到卓越的24年 [R]. 2019-03-01.

[16] 李岱桐. 互联网企业估值方法与应用 [D]. 北京：北京交通大学，2016.

[17] 六度智囊. 巨头已定，格局已成？解读移动阅读下半场 [EB/OL]. [2019-10-30]. https://36kr.com/p/5170604.

[18] 佚名. 拼多多：狂奔的电商黑马 [J]. 互联网经济，2018（3）.

[19] 孙羽. 基于EVA的我国互联网企业价值评估研究 [D]. 北京：首都经济贸易大学，2014.

[20] 天风证券. 拼多多：微信流量为风，低价拼购为帆，社交电商黑马开启新纪元 [R].2019-03-25.

[21] 兴业证券. CDR系列之（三）阿里巴巴深度报告：技术驱动的商业帝国 [R]. 2018-07-29.

[22] 易观千帆指数App排行榜，http://zhishu.analysys.cn.

[23] 中国互联网络信息中心. 第43次中国互联网发展状况统计报告 [R]. 2019-02-28.

致 谢

ValueGo金融科技实验室出品的第二本书终于付梓了。在第一本书中我感谢过巴菲特将投资理念带进了中国，感谢过中山大学管理学院财务与投资系汤光华老师把"财务报表分析与证券定价"这门课的上课任务分派给了我，感谢过斯蒂芬·H.佩因曼教授编写了《财务报表分析与证券定价》这么好的教材，也感谢过选这门课的学生们、ValueGo的用户和价值投资领袖班的学员们。在本书的致谢里，我仍然要感谢在我的生命中能遇见他们，或有幸读到他们的书，或接触到他们的理念，或从他们的想法中获得知识，或听取他们的建议。

更重要的是，我要感谢ValueGo金融科技实验室的团队核心成员冯伟、王斌、王健、秦丽、刘彧、黎江，没有他们的辛勤付出、不离不弃，我们也不可能走到现在。

我还要衷心感谢为ValueGo付出过心血的工作人员和实习生，包括傅豪（"价值投资领袖班"组织者之一）、曹攀峰（上海证券报记者）、黄雅洁（央视财经记者）、苏照宇（央视财经摄影师）、冯嘉慧、杜杏琳、陈俊杰、张璇、胡力丹、卢思琳、覃玥、张扬帆、严斯虹、洪怡柔、林泺恒、张梓煜、周小力、莫昕、叶青青、陈奕诗、周俊江、钟姿华、熊晨希、吴凌宇、凡振华、向茜、鲁济华、陈美锦、廖宗锋、刘逸舜，正是他们不计较个人得失、一点一滴地付出，才让 ValueGo 得以成长到今天。

最后，感谢中山大学提供了一个广阔的平台，让我们得以迅速成长；同时感谢国家自然科学基金科学中心集成项目（U1811462）、国家自然科学基金面上项目（71972191）、广东省研究生教育创新计划项目（2017SFKC01）、中山大学重大项目和前沿新兴交叉学科培育资助计划（17wkjz03）、中山大学 2019 年校级本科教学质量工程教材建设项目的资助。

陈玉罡

2019 年 10 月